AF457147

FRANCISCO JAVIER GIMÉNEZ FUENTES-GUERRA

ENSEÑANZA Y PROMOCIÓN DEL MINIBASKET

Título: ENSEÑANZA Y PROMOCIÓN DEL MINIBASKET

Autor: FRANCISCO JAVIER GIMÉNEZ FUENTES-GUERRA

Editorial: WANCEULEN EDITORIAL
Sello Editorial: WANCEULEN EDITORIAL DEPORTIVA

ISBN (Papel): 978-84-19598-40-0
ISBN (Ebook): 978-84-19598-41-7

Depósito Legal: SE 280-2023

WANCEULEN S.L.
C/ Cristo del Desamparo y Abandono, 56 - 41006 Sevilla
Dirección web: www.wanceuleneditorial.com y www.wanceulen.com
Email: info@wanceuleneditorial.com

ÍNDICE

INTRODUCCIÓN

La enseñanza del baloncesto en categorías de formación debe seguir evolucionando en busca de nuevas alternativas que conviertan a este deporte en una actividad que colabore, desde el primer momento, en la formación integral de los/as jóvenes. Los técnicos/as jóvenes que inician su carrera como entrenadores van a encontrar en esta publicación una propuesta global de enseñanza del baloncesto en la fase de iniciación. Para ello, se hace necesario un planteamiento metodológico diferente donde los contenidos más tradicionales (técnica y condición física) se sigan trabajando, pero a los que se sigan sumando nuevos e interesantes contenidos (táctica, reglas, valores, competición, salud,...) que ayuden a esa educación global y holística tan necesaria en los chicos y chicas que se inician en el deporte.

Para conseguir esta difícil tarea, hay varios principios pedagógicos y metodológicos que hay que cumplir. En primer lugar, hay que defender la especificidad de la etapa de iniciación al baloncesto, con unas características propias que le dan su verdadero sentido educativo y deportivo. Esto va a suponer que esta etapa debe alejarse de planteamientos selectivos y excesivamente competitivos típicos del baloncesto de alta competición.

También es necesario entender el minibasket como una etapa que, evidentemente, forma parte del proceso de formación general del deportista pero que, a la vez, tiene fin en sí misma por la importancia y por la repercusión que tiene en el desarrollo educativo y deportivo de los/as jóvenes jugadores/as.

En tercer lugar, es necesario entender que la iniciación al baloncesto desde esta nueva perspectiva debe ser concebida desde una óptica de formación y no de rendimiento a corto plazo. En este sentido, los principales objetivos deberían ser educativos, la importancia se deberá centrar en el proceso y se evitará la especialización temprana. Desde el punto de vista didáctico, este proceso se abordará desde métodos activos y de indagación donde los jóvenes participantes serán los verdaderos protagonistas.

Para terminar esta presentación e introducción, se explica a continuación la organización de los capítulos para una mejor comprensión del trabajo realizado:

En el **primer capítulo** se hace una presentación global de lo que es el minibasket. Se comienza con una breve síntesis histórica y se comentan las principales características de este deporte reducido que se crea con la intención de acercar en mayor medida el baloncesto a los jóvenes que se inician.

El **capítulo dos** se destina a presentar los objetivos y contenidos que hay que tener en cuenta en el entrenamiento de una escuela deportiva de minibasket. La finalidad básica de este capítulo se centra en entender la necesidad de planificar nuevos contenidos para un desarrollo verdaderamente integral de los deportistas.

En el **tercer capítulo** se abordan diferentes cuestiones relacionadas con la relevante labor de la enseñanza del baloncesto. Partiendo de una visión crítica de cómo han sido las perspectivas metodológicas en la enseñanza más tradicional, se indican alternativas basadas en la enseñanza comprensiva. También se abordan otras cuestiones de interés como pueden ser el proceso de especialización o el tratamiento de la competición en estas categorías.

El **cuarto capítulo** describe las tres grandes fases de formación que se establecen en el proceso de entrenamiento a más largo plazo (iniciación, desarrollo y perfeccionamiento), para centrarnos en los contenidos y orientaciones más importantes de la primera etapa: la iniciación al baloncesto.

El **quinto capítulo** justifica la necesidad de programar y planificar con calidad el entrenamiento, centrándose en la planificación a más corto plazo: las actividades y la sesión de entrenamiento.

Por último, el libro se termina con los **capítulos 6 y 7**. En el sexto se reflexiona sobre las conclusiones de mayor interés que se pueden destacar de los diferentes contenidos abordados en la publicación. Para terminar, se presentan las referencias utilizadas en el libro y sin las cuales no se podría haber desarrollado.

CAPÍTULO 1

INICIACIÓN DEPORTIVA AL BALONCESTO: EL MINIBASKET

El objetivo de este primer capítulo va a ser el plantear desde el principio la necesidad de identificar el minibasket con la primera etapa de iniciación deportiva al baloncesto. Es ésta una fase de formación muy específica, sensible, delicada e importante, y para la cual se necesitan entrenadores/as con una formación integral y con verdadera vocación pedagógica.

1.1.- INICIACIÓN DEPORTIVA AL BALONCESTO

La enseñanza de cualquier deporte, baloncesto en este caso, debe ser planificada con suficiente antelación con la intención de que el proceso formativo sea lo más correcto posible. Los "minideportes" o "deportes reducidos" como el minibasket surgen con la intención principal de acercar y adaptar el deporte a los niños y niñas que comienzan su práctica. Las edades y categorías que abarca el minibasket: Categoría Benjamín (8-10 años, denominada también Preminibasket en algunas delegaciones provinciales) y Categoría Alevín (10-12 años) coinciden de forma general con las etapas que debe abarcar la iniciación deportiva (Blázquez, 1995a; Castejón, 2001).

Esta primera fase de formación tiene unas particularidades que hacen que el proceso de enseñanza y aprendizaje deba ser adaptado a las características psicoevolutivas de los jóvenes jugadores; y la utilización correcta del minibasket ofrece esa interesante posibilidad. Desde este punto de vista, y partiendo del concepto de iniciación deportiva abordado en publicaciones anteriores (Giménez, 2000), se entendería la iniciación al baloncesto como aquella *etapa en la que se comienza el aprendizaje, de forma lúdica, de las habilidades genéricas y específicas necesarias para comenzar la práctica del baloncesto, desarrollando su condición física de forma saludable, aprendiendo progresivamente las reglas básicas, favoreciendo una actitud positiva hacia la práctica de este deporte, y promoviendo una verdadera educación en valores entre los jugadores/as*.

Entender la iniciación al baloncesto a través del minibasket de esta forma, supone optar por una metodología más educativa y formativa en la que el jugador/a es el verdadero protagonista del proceso de entrenamiento; y donde la educación, la motivación y la formación integral deben ser los tres pilares básicos sobre los que sustentar las programaciones. Por el contrario, los planteamientos tradicionales excesivamente técnicos, competitivos, selectivos y discriminatorios deben quedar desechados. Es evidente que esto no lo puede llevar a cabo cualquier técnico, sino que se necesitan muy buenos entrenadores/as con un perfil claramente educativo, una gran motivación, formación constante y permanente, y una visión crítica del proceso formativo del jugador/a.

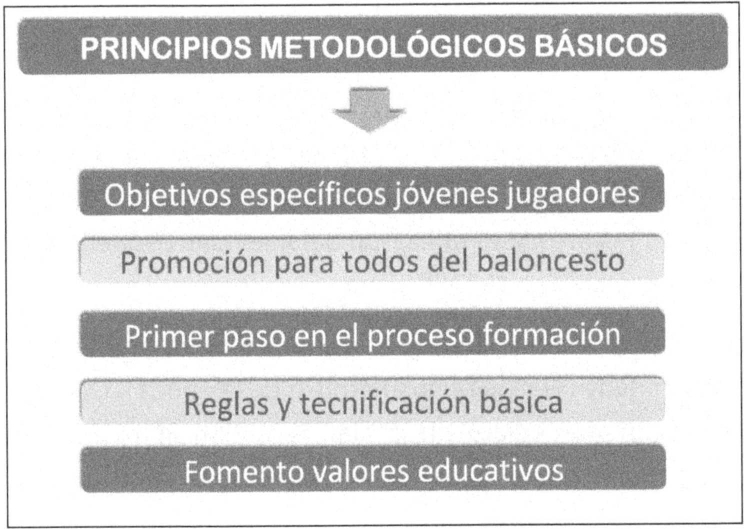

1.2.- HISTORIA DEL MINIBASKET

Sin ánimos de profundizar demasiado en la historia del minibasket, sí que parece necesario realizar una breve síntesis histórica. La finalidad no es otra que conocer y reflexionar sobre las intenciones con las que se crea este increíble minideporte, que no son otras que adaptar por primera vez un deporte de adultos a las necesidades específicas de los niños y niñas que se inician en el baloncesto.

El inventor fue el americano Jay Archer, graduado en educación física en la universidad de Stroudsbourg (Pensylvania). Este profesor, influenciado por la Escuela Nueva y con unas grandes inquietudes pedagógicas, se plantea la necesidad de adaptar el deporte a los niños y niñas. 1950 es la fecha oficial de la creación del "Biddy Basket" (nombre original de este juego, que posteriormente fue sustituido por minibasket).

Se creó como parte del programa de educación física de niños y niñas entre 9 y 12 años. Para aumentar la motivación y que resultara más fácil para los niños, se bajaron los aros y se utilizaron balones más pequeños. Las reglas también se simplificaron.

Se difunde rápidamente gracias, sobre todo, al interés de Pat Kennedy (el más famoso árbitro de la época). Consigue un éxito inmediato tras la retransmisión de este minideporte por el canal de televisión más importante de Nueva York. A principios de 1951 se difunde por todo EE.UU., y empieza también a expandirse por numerosos países americanos, por Asia y por Australia. Llega a Europa a través de España (1964). Es al llegar a nuestro país y en concreto a los pioneros de la educación popular, los padres Escolapios, cuando toma el nombre actual de Minibasket. Es muy importante destacar que es aquí donde se insiste y se profundiza sobre la justificación educativa de este nuevo "juego", y la necesidad de unas reglas más flexibles. A partir de aquí, todas las publicaciones coinciden en señalar a Anselmo López (presidente en ese momento de la F.E.B.) como el verdadero propulsor del minibasket en España, y en el resto de Europa y del mundo a través de sus influencias como directivo de la F.I.B.A.

Si se consultan muchas de las ideas y de la filosofía que se planteaba en el momento de la creación y primeros años de puesta en práctica del minibasket, nos sorprenderíamos de su validez actual, tanto en lo educativo y pedagógico, como en lo deportivo y formativo.

1.3.- CARACTERÍSTICAS PEDAGÓGICAS DEL MINIBASKET

Desde su creación y a lo largo de los años, el minibasket como minideporte tiene en su reglamento una clara visión pedagógica que no sólo hay que mantener activa, sino que hay que seguir mejorando. Entre los principios generales que siempre ha defendido y que no se deben olvidar, se pueden citar los siguientes:

- **Aspectos Pedagógicos:** desarrolla la amistad y el juego limpio; fomenta el juego en equipo, da más importancia a la progresión que a la victoria; al árbitro se le denomina "amigo"; no sólo los jugadores están en formación, sino también los árbitros y los entrenadores; y todos los jugadores/as deben participar en el juego.
- **Aspectos Reglamentarios:** modificación del espacio y del tiempo de juego, y de sus instalaciones (medidas del campo, altura de las canastas, tamaño del balón, y

periodos y tiempo de juego), y reglas similares al baloncesto pero con una aplicación que debe ser mucho más flexible.

- **Competición:** la competición es un elemento de vital importancia en el proceso de aprendizaje de nuestro deporte, pero en la etapa de minibasket debe ser claramente diferenciada de la que se utiliza en otras categorías superiores. En este caso debe primar sobre todo la participación y la no discriminación, la poca trascendencia e importancia del resultado, y el aprovechar los partidos para seguir fomentando la motivación, la educación y el aprendizaje del minibasket.

1.4.- ENSEÑANZA Y PROMOCIÓN DEL MINIBASKET

También se pretende en este capítulo introductorio reflexionar sobre una función que se olvida por desgracia en muchas ocasiones, y que debería tener una mayor relevancia dentro del proceso de entrenamiento: la promoción de este deporte a través del minibasket.

Durante estas primeras etapas de aprendizaje del baloncesto, uno de los objetivos más importantes va a ser el fomento de la práctica deportiva entre los jóvenes creando unos hábitos perdurables para los próximos años. Dicha promoción supone sobre todo una planificación bien realizada que consiga que muchos niños y niñas se sientan atraídos por este deporte, y empiecen a practicarlo de forma regular.

Para conseguir este aumento del número de participantes en las categorías de minibasket, es necesario tener en cuenta algunos aspectos:

- Diseñar modelos deportivos para los niños/as donde la educación, la motivación y el aprendizaje lúdico sean los pilares de la enseñanza. En este sentido, el entrenador/a debe conocer y compartir las finalidades básicas de esta etapa.
- Desarrollar campañas específicas de promoción del baloncesto que sean innovadoras y atractivas, y que ayuden a incorporar a un número mayor de niños y niñas a clubes y escuelas deportivas.
- Utilizar una metodología específica de entrenamiento con niños/as en la que se adapte todo el proceso de enseñanza del baloncesto a los participantes y no al revés (en el capítulo de metodología se desarrolla en profundidad este imprescindible apartado).
- Iniciar el camino de la competición de forma progresiva, de forma que los jugadores/as vayan disfrutando desde el principio de esta experiencia tan necesaria y formativa. La idea central, como se verá también en el capítulo dedicado a la enseñanza, será que al principio las competiciones no sean oficiales, sino que se plantearán a modo de encuentros deportivos donde se adaptará al máximo el arbitraje, las reglas de juego, la participación y los resultados.

1.5.- EL CONTEXTO SOCIAL Y DEPORTIVO

Se aborda en este apartado final del capítulo introductorio dos ámbitos de vital importancia en la formación del joven jugador/a. Por un lado, el contexto social, la familia; y por otro lado, el contexto deportivo, en el que se incluye el club, el entrenador y el árbitro/a.

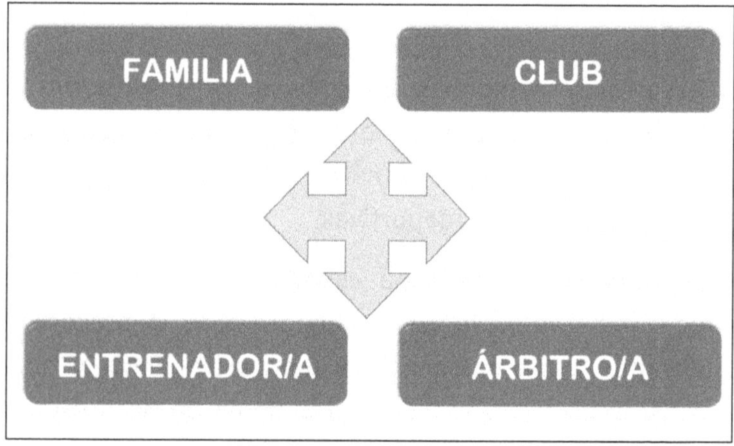

1.5.1.- La familia

La colaboración de los padres y madres, cuando los chicos y chicas se inician en la práctica del minibasket, es de gran importancia. Es absolutamente necesario que tanto el club como los entrenadores/as establezcan mecanismos de información y de formación con ellos (Ortega et al, 2015).

La creación de "Escuelas de Padres y Madres" en el deporte escolar se plantea como una realidad necesaria sobre la que hay que empezar a trabajar muy en serio. La finalidad es clara: contar con las familias para que el trabajo integral que se desarrolla con los más jóvenes sea lo más eficiente posible.

En primer lugar, los padres y madres deben ser informados sobre el proyecto deportivo-educativo que se está llevando a cabo. Esta información servirá para conozcan la filosofía del club y para que sean conscientes del trabajo que se desarrolla. También les servirá para apoyar al entrenador en los entrenamientos y las competiciones. En segundo lugar, hay que diseñar un programa formativo para las familias que les ayude a entender en mayor medida el proceso, y que les anime a colaborar en el propio proceso de formación. Por último, hay que buscar la participación activa de los padres y madres en todas aquellas cuestiones en las que pudieran colaborar.

1.5.2.- El club deportivo

Es evidente que el club deportivo es una entidad necesaria para que el proceso de formación de los jóvenes sea la más correcto posible (Knopp et al, 1998). La responsabilidad del club deportivo se debe centrar, sobre todo, en las siguientes actuaciones:

- Diseñar un proyecto adecuado en el que se vea clara la especificidad de esta interesante etapa, y en el que se definan claramente tanto las finalidades principales que se pretenden, como las orientaciones necesarias para su consecución.
- Buscar los recursos humanos y materiales necesarios para poder poner en práctica el proyecto.

- Hacer campañas de captación y fomento de nuevos beneficiarios (jugadores/as) para el proyecto.
- Establecer programas de formación inicial y permanente para los entrenadores/as pertenecientes al club.
- Diseñar un programa informativo y formativo para los padres y madres de los jugadores/as.
- Por último, hacer una evaluación constante del modelo con la intención de ir mejorando el mismo.

1.5.3.- El entrenador/a

La figura del entrenador/a es la clave, la llave maestra, para que el proyecto deportivo sea un éxito. De él/ella va a depender que los entrenamientos tengan unos objetivos formativos y educativos, que los contenidos se desarrollen de forma integral, que se use una metodología específica de iniciación o que la competición se adapte a la edad y nivel de los participantes.

Para ello, y a partir de las aportaciones de Martens et al (1989) el perfil de entrenador del deporte de base debe cumplir tres características importantes que aplicadas al minibasket serían: alta motivación por enseñar durante la etapa de iniciación al baloncesto, conocimiento profundo del minibasket y de la forma de enseñar en estas categorías, y empatía para ponerse en el lugar del jugador/a y así entender y adaptar mucho mejor el proceso de entrenamiento.

La perspectiva educativa que se plantea en este manual requiere de entrenadores/as y entrenadoras con una buena formación inicial específica de esta etapa (como ya han planteado Martens et al), pero también con una gran motivación por seguir aprendiendo a lo largo de los años (formación permanente).

1.5.4.- El árbitro/a

También el estamento arbitral tiene una misión importante en la formación de los chicos y chicas que se inician. El trabajo diario que se realiza en las sesiones de entrenamiento tiene su evaluación y recompensa semanal en la jornada de competición. Los partidos de competición sirven de motivación, pero también para seguir aprendiendo los contenidos técnico-tácticos y las reglas del minibasket, y desarrollando la condición física y los valores educativos. En este sentido, la labor arbitral debe contribuir también a través de un arbitraje cercano y adaptado a estos jóvenes participantes.

La figura del árbitro debe ir adquiriendo cada día mayores responsabilidades, tanto en el desarrollo de la propia competición, como en la gestión de los comportamientos de jugadores, entrenadores y espectadores. Para conseguirlo se plantean las siguientes propuestas:

- *La formación del árbitro/a debe cambiar y mejorar.* No basta con tener un amplio conocimiento de las reglas, sino que deben buscar una formación mucho más amplia y conocer bien la etapa de iniciación al baloncesto (a nivel técnico y pedagógico), lo que les permita intervenir como educadores (por ejemplo, sería muy recomendable que tuvieran formación universitaria relacionada y que hicieran los cursos de entrenador/a).

- *Actuación técnica y pedagógica en relación a la aplicación de las reglas.* Conocer las reglas es muy necesario, pero más si cabe es conocer su aplicación en minibasket. Sobre todo, en categoría "benjamín o premini" hay que ser flexible en su aplicación. Además, es imprescindible tener una buena y constante comunicación con los jugadores, para que éstos entiendan en cada momento lo que sucede en el partido. A modo de ejemplos: saca el equipo azul, el rojo defiende; has andado con el balón en las manos, recuerda que tienes que ir botando; échate un poco para atrás que estás pisando la línea al sacar; sepárate para que pueda sacar de banda, etc.

- *Actuación pedagógica en relación al comportamiento de los entrenadores/as.* De forma general el árbitro no permite que los entrenadores/as se dirijan a él con malos modos o de forma maleducada. Esto no es suficiente, el reto a corto plazo debería ser el no permitir este tipo de comunicación también entre entrenadores/as y sus jugadores. La comunicación tan agresiva que se usa algunas veces por parte de ciertos entrenadores no debe estar permitida en minibasket, y los árbitros deberían sancionarla.

CAPÍTULO 2

OBJETIVOS Y CONTENIDOS DEL ENTRENAMIENTO

El objetivo principal de este capítulo va a ser establecer las principales finalidades u objetivos que deberíamos plantearnos en las etapas de iniciación al baloncesto, y describir brevemente los diferentes contenidos que más van a ayudar a conseguirlos.

2.1.- FINALIDADES BÁSICAS DE LA INICIACIÓN AL BALONCESTO

Cada entrenador/a debe reflexionar y plantearse detenidamente los objetivos o finalidades a conseguir cada temporada. Estos objetivos se pueden dividir entre generales y específicos. Los objetivos generales, que son los que se van a desarrollar a continuación, serán aquellos que hay que tener en cuenta independientemente del contexto de entrenamiento; mientras que los objetivos específicos serán particulares de un equipo o escuela deportiva y se adaptarán, por tanto, a las necesidades específicas de la misma.

Antes de indicar los objetivos generales que se deben tener en cuenta, sería interesante conocer los objetivos que plantea el Comité Internacional del Minibasket, y que sirven de interesante orientación:

- Aprovechar toda oportunidad del juego para educar y desarrollar en los niños y niñas sus cualidades físicas y psicológicas.
- Crear hábitos deportivos en los niños y en las niñas, para que se sientan interesados en la práctica de los deportes y la actividad física.
- Fomentar en los niños y niñas la tendencia hacia el juego limpio.
- Crear el clima adecuado para el desarrollo de los niños y niñas como personas.
- Crear el clima adecuado para el desarrollo de los niños y niñas como jugadores y que este clima sea el adecuado en relación a la edad de los pequeños.
- Crear un clima donde los niños y las niñas se sientan valorados por su manera de ser y por su comportamiento.
- Crear un clima donde los niños y niñas se sientan valorados no sólo por sus habilidades sino por su aportación al equipo o clase.

- Tener un equilibrio entre aprendizaje y diversión.

A partir de aquí, entre las finalidades básicas más importantes a tener en cuenta, se podrían destacar las siguientes:

- Promocionar el minibasket entre los/las jóvenes.
- Aprender los contenidos técnico-tácticos básicos del minibasket.
- Plantear el fomento de valores personales y sociales como el eje vertebrador de nuestro proyecto deportivo.
- Colaborar en el proceso de formación integral de los/las deportistas.
- Desarrollar la condición física de forma saludable.
- Aprender, de forma progresiva, las reglas del minibasket.
- Colaborar en el proceso de socialización de los jugadores/as.
- Fomentar hábitos de práctica deportiva, utilizando el minibasket como una forma activa y lúdica de ocupar el tiempo libre.
- Utilizar una metodología específica para niños y niñas que se inician, que combine adecuadamente la motivación de los jugadores con el aprendizaje deportivo y la educación.

2.2.- CONTENIDOS DE ENTRENAMIENTO

El Diccionario de CC de la Educación (1988) entiende los contenidos como todas aquellas experiencias de aprendizaje que son necesarias para poder conseguir las finalidades que nos hemos propuesto en el proceso educativo. Aplicando este concepto a la enseñanza del baloncesto, podríamos entender los contenidos de entrenamiento como todos aquellos temas y ámbitos sobre los que se quiere incidir con la intención fundamental de poder mejorar el proceso formativo del deportista.

A lo largo de los años, la planificación deportiva ha ido incorporando de forma lenta pero continua nuevos contenidos de entrenamiento. Si bien hace años dicha planificación sólo tenía en cuenta e incluía los contenidos técnicos y la condición física, en la actualidad el trabajo integral que se tiene que realizar en todas las categorías obliga a planificar y programar nuevos contenidos como pueden ser: contenidos técnicos, contenidos tácticos, las reglas, contenidos condicionales, contenidos psicológicos, contenidos pedagógicos, o contenidos relacionados con la salud. Cada uno de estos contenidos, y de otros que seguramente se irán incorporando en el futuro, se deben ir incluyendo en nuestras programaciones teniendo una importancia relativa en función del contexto particular de entrenamiento de cada entrenador/a.

Se desarrollan a continuación los tres bloques de contenidos que parecen de mayor interés para el entrenador/a: los contenidos técnico-tácticos, la condición física, y los contenidos psicopedagógicos (valores educativos).

2.3.- CONTENIDOS TÉCNICO-TÁCTICOS

A la hora de empezar a trabajar en un determinado deporte como el baloncesto, lo primero que preocupa o lo primero que se plantea son las habilidades o contenidos técnico-tácticos que se utilizan en esa práctica. Aunque ya se ha comentado la necesidad de planificar y entrenar los diferentes contenidos del entrenamiento, es evidente que el aprendizaje de los contenidos técnico-tácticos será uno de los pilares básicos imprescindibles sobre los que se apoyará la enseñanza de este deporte en las primeras etapas. Se desarrollan a continuación algunos conceptos fundamentales para poder hacer posteriormente una propuesta práctica.

2.3.1.- Concepto y clasificación de los medios técnico-tácticos

El conocimiento profundo de las diferentes manifestaciones deportivas será imprescindible para poder enseñar de forma completa y correcta un deporte. Pintor (1989) afirma que las necesidades específicas de aprendizaje surgen del conocimiento de la estructura y funcionamiento de cada deporte. Añade que cada modalidad deportiva va a tener sus contenidos específicos, que van a ser el objetivo del proceso de enseñanza-aprendizaje del deporte.

En esta línea, se pueden definir por tanto los contenidos técnico-tácticos como "los contenidos específicos individuales y colectivos que se utilizan en la práctica de un deporte, que le dan unas características especiales delimitadas por el reglamento, y que lo diferencian claramente de las demás prácticas deportivas" (Giménez, 2000, p.88). Se pueden identificar los contenidos táctico-técnicos con las habilidades específicas que componen cada deporte. Para Díaz (1999, p.57), las habilidades específicas llevan implícito un objetivo de eficiencia, de efectividad y de rendimiento, y van a buscar la consecución de metas concretas, conocidas y bien determinadas.

Pintor (1989) realiza la primera clasificación seria y de interés sobre los medios técnico-tácticos en baloncesto que se desarrolla a continuación:

1.- MEDIOS T-T INDIVIDUALES. Son aquellos medios t-t que solo requieren de un jugador para poder llevarlos a cabo, y dentro de ellos se diferencia la fase de ataque y la fase de defensa
1.1.- De ataque con balón: . Tiro: normal sin salto, en suspensión, gancho, bandeja . Bote: de protección, de velocidad o avance, diferentes modos de cambio de dirección durante la acción de bote . Fintas: de tiro, de bote, de avance, desde el bote . Paradas: en un tiempo, en dos tiempos
1.2.- De ataque sin balón: . Desplazamientos absolutos: adelante, atrás, lateral . Desplazamientos relativos: movimientos segmentarios de piernas brazos o tronco . Movimientos específicos de recepción
1.3.- Transición de no tener balón a tenerlo: . Rebote . Recepción
1.4.- Defensa contra jugador con balón: . Contra acción de botar: antes, durante y después . Contra acción de pasar: línea de pase . Contra tiro: vertical, tras dos pasos de aproximación . Contra fintas: de tiro, de pase, de profundización, durante la acción de bote.
1.5.- Defensa contra jugador sin balón: . Contra jugadores exteriores e interiores en el lado sin balón: orientados al balón, orientación al oponente, intermedios . Contra jugadores interiores en el lado del balón: por detrás, en 3/4, por delante
1.6.- Medios comunes tanto de ataque como de defensa: . Posición y postura . Rebote . Desplazamientos

2.- MEDIOS T-T COLECTIVOS BÁSICOS. Son aquellos medios en los que intervienen dos jugadores como mínimo, y son la base sobre los que sustentan los complejos
2.1.- Ataque: · Pase y progresión · Pase y alejamiento · Pase-progresión y regreso · Aclarado · Bloqueo directo · Bloqueo indirecto · Fijación del impar
2.2.- Defensa: · Defensa contra todos los medios anteriores: ayudas defensivas, ayuda y recuperación, cambios defensivos, dos contra uno, etc.
3.- MEDIOS T-T COLECTIVOS COMPLEJOS. Son aquellos medios colectivos que requieren de la participación de todo el equipo, y que se sustentan sobre los medios individuales y colectivos básicos
3.1.- Ataque: · Transición de defensa a ataque · Contraataque · Transición de contraataque a ataque posicional · Ataque posicional · Transición de ataque a defensa
3.2.- Defensa: · Transición de ataque a defensa · Defensa del ataque contraataque · Transición de defensa del contraataque a defensa posicional · Defensa posicional · Transición de defensa a ataque

2.3.2.- Progresión en la enseñanza

Se indican a continuación algunas pautas generales metodológicas que servirán de orientación general para la aplicación y progresión de los contenidos técnico-tácticos. Posteriormente, en el capítulo dedicado al proceso de formación del jugador, se profundizará mucho más en la progresión que se debería tener en cuenta a la hora de enseñar estos contenidos:

- No empezar directamente con las habilidades técnicas y específicas del minibasket, sino que se debería comenzar la enseñanza a través de la aplicación de las habilidades genéricas en el propio juego (desplazamientos en bote, paradas, lanzamientos, pase-recepción, rebote, robos de balón, ...).
- Tecnificación muy básica al inicio.
- Progresión en la enseñanza de las reglas, paralela al aprendizaje de los contenidos técnico-tácticos.
- Mucha más importancia del trabajo individual sobre el colectivo (desarrollo de la táctica individual).
- Mucha más importancia del trabajo de los contenidos de ataque sobre los de defensa (desarrollo de la motivación y la creatividad).
- Salvo necesidades particulares, trabajo común con todos los jugadores/as (evitar especialización temprana).
- Utilizar tareas en las que esté siempre presente el balón y la canasta; y casi siempre con oposición (evolucionar de menos a más).

2.4.- CONDICIÓN FÍSICA

El desarrollo de la condición física de forma saludable debe ser una de las prioridades evidentes del entrenamiento durante esta etapa. Ahora bien, este desarrollo debe llevarse a cabo siempre de forma inespecífica y a través del propio juego del minibasket. El trabajo específico de la fuerza, velocidad y resistencia debe desterrarse de los entrenamientos (Giménez y Sáenz, 2000).

2.4.1.- Concepto y clasificación

Se podría definir la condición física como la capacidad de rendimiento motor que tiene una persona en un momento dado. Esta capacidad de rendimiento está determinada por el nivel de desarrollo de sus cualidades físicas. Se pueden clasificar estas cualidades de forma sencilla en función de su órgano rector. De esta forma, se diferenciarán tres grupos:

- **Cualidades Físicas Condicionales:** Cualidades determinadas por los procesos de obtención de energía (capacidad de fuerza, capacidad de resistencia, capacidad de rapidez).
- **Cualidades Físicas Coordinativas:** Cualidades determinadas por los procesos de regulación del movimiento (capacidad de coordinación, capacidad de equilibrio).
- **Otras cualidades físicas:** Cualidades no determinadas exclusivamente por factores coordinativos o condicionales (movilidad articular o flexibilidad).

2.4.2.- Aplicación al entrenamiento

Desarrollo de la condición física en categoría benjamín

En esta categoría la preparación física como tal no existe, sino que todo el trabajo debería ir enfocado, casi exclusivamente, al desarrollo psicomotriz de los jugadores/as. Que mejoren su percepción espacial y temporal, la coordinación y el equilibrio; que vayan afirmando la lateralidad; que conozcan sus límites y posibilidades de movimiento, ...

El trabajo de las habilidades básicas debe continuar, especialmente la combinación entre ellas, a la vez que aumenta considerablemente el trabajo de habilidades genéricas aplicadas como son las conducciones, las fintas, las paradas o los golpeos.

El trabajo de las cualidades físicas condicionales tiene menos importancia en estas edades, y estará subordinado al trabajo psicomotriz (cualidades físicas coordinativas). Lógicamente al trabajar las diferentes capacidades y habilidades motrices, se trabajará paralelamente la condición física de los jugadores/as (en los lanzamientos y los saltos mejoraremos la fuerza de brazos y piernas por ejemplo). Este trabajo será de forma global y lúdica, sin incidir en el desarrollo de ninguna cualidad de forma especial.

Desarrollo de la condición física en categoría alevín

Se seguirá insistiendo en el desarrollo de cualidades coordinativas. Respecto al trabajo de las cualidades físicas condicionales se iniciará el trabajo de fuerza a través de juegos de lucha, de lanzamientos, de tracción y empuje, etc. La carga a utilizar será muy liviana.

La velocidad se desarrollará a través de juegos sencillos de persecución, carreras de relevos, carreras superando pequeños obstáculos, carreras con cambios de dirección, en zig-zag, etc. Estos juegos se realizarán con balón. Además, se hará énfasis en el trabajo de velocidad de reacción y de traslación, donde el espacio a recorrer no será mayor de 12-15 metros y sin demasiadas repeticiones. Será muy importante también el trabajo de coordinación y de los desplazamientos para que la capacidad de rapidez mejore en el futuro.

El desarrollo de la resistencia se realizará directamente en la cancha. Se trabajará principalmente la resistencia aeróbica y la resistencia anaeróbica aláctica. La resistencia aeróbica a través de las propias actividades de minibasket. Estas actividades serán de no demasiada intensidad, y con poca recuperación entre ellas para que mantengamos un ritmo constante y adecuado de trabajo. La resistencia anaeróbica aláctica se trabajará conjuntamente con la velocidad, a través de actividades de velocidad de reacción principalmente.

La flexibilidad es la única cualidad física que va empeorando con la edad. En estas edades el descenso es todavía escaso.

Para mantener un nivel adecuado de movilidad de las diferentes articulaciones realizaremos actividades dinámicas de movilización de los diferentes segmentos corporales (lanzamientos, circunducciones, rotaciones, etc.) a través de actividades sencillas e inespecíficas. Salvo excepciones (chicas más desarrolladas por ejemplo) habrá que olvidarse de realizar sesiones específicas de flexibilidad de forma pura hasta el final de esta etapa, ya que son y muy aburridas.

2.5.- CONTENIDOS PSICOPEDAGÓGICOS (VALORES EDUCATIVOS)

Se puede identificar la educación en valores (Giménez, 2003, p. 36) con "aquella perspectiva de la educación que pretende inculcar en los alumnos distintos ideales de conducta que les permitan ser en el futuro unos ciudadanos más solidarios, democráticos y comprometidos socialmente. En nuestro caso, intentaremos que la iniciación y formación en baloncesto pueda colaborar en la preparación de los alumnos en estos ambiciosos objetivos".

De forma generalizada, los contenidos psicopedagógicos han sido tradicionalmente uno de los contenidos que menos se han tenido en cuenta en la planificación y programación de la temporada. Si bien podemos encontrar numerosas publicaciones que justifican la necesidad de un baloncesto educativo en categorías de formación, son muy pocas las que incluyen la programación de estos contenidos en las mismas de forma clara y explícita. En este sentido, se pretende que este apartado ayude a los entrenadores/as de jóvenes jugadores a entender el entrenamiento de una forma más humanista y educativa, lo que conlleva que se incluya en cada programación anual y en cada sesión de entrenamiento los valores educativos más adecuados.

En definitiva, plantear la programación de este tipo de contenidos supone fomentar y promocionar una serie de valores verdaderamente educativos que colaboren de forma real y efectiva en la formación integral de los jóvenes jugadores de baloncesto. Por tanto, el reto del entrenador será que, a través de una planificación correcta del baloncesto de base, los jugadores mejoren su juego, mejoren su condición física, pero también mejoren sus actitudes y comportamientos.

Es necesario aclarar también que realizar una programación integral que incluya el trabajo de valores educativos es compatible con ser un entrenador/a bueno y exigente, diseñar entrenamientos de calidad, entrenar para mejorar a los jugadores/as, participar en competición y tener buenos resultados en la misma. La clave va a estar en cómo llevar a cabo todo el proceso.

Una vez aclarados algunos aspectos importantes relacionados con la búsqueda de un baloncesto de base más formativo y educativo, es el momento de realizar la propuesta didáctica que nos pueda ayudar a conseguirlo. Para ello, se han establecido tres apartados interrelacionados entre sí. En primer lugar, se va a plantear ¿cuáles deben ser los valores educativos a fomentar? En segundo lugar, habrá que reflexionar sobre ¿cuándo fomentar cada valor? y, por último, ¿cómo hacerlo?

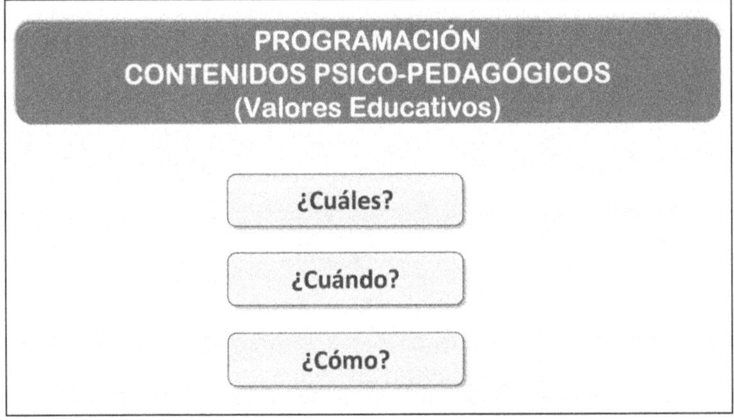

2.5.1.- ¿Cuáles valores educativos debemos fomentar?

En este punto, la reflexión necesaria, sencilla pero importante que se debería hacer es si tenemos claro que es un valor educativo, y sí tenemos claro cuáles son los valores verdaderamente importantes que debemos programar. Se ha de ser muy crítico con las propuestas de valores que tradicionalmente se han ido incluyendo en un supuesto baloncesto educativo. Por un lado, se planteaban siempre los mismos valores independientemente de la categoría en la que se entrenara; y por otro, los valores a desarrollar se hacían basándose en un modelo deportivo similar a la alta competición que nada tiene que ver con el baloncesto formativo que se intenta defender en esta publicación.

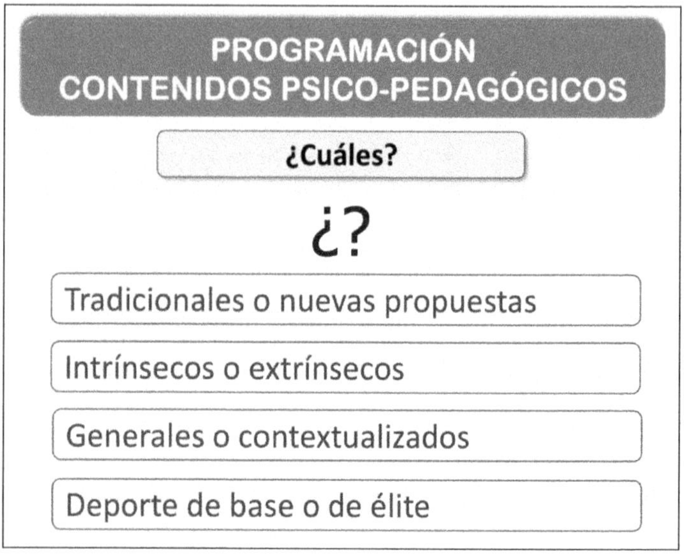

PROGRAMACIÓN CONTENIDOS PSICO-PEDAGÓGICOS
¿Cuáles?
¿?
Tradicionales o nuevas propuestas
Intrínsecos o extrínsecos
Generales o contextualizados
Deporte de base o de élite

Valores como la disciplina, el respeto a la autoridad, el sacrificio, u otros similares pueden ser valores útiles para el deporte en etapas de rendimiento; pero que tienen muy poca valía desde el punto de vista formativo y educativo en categorías de iniciación. Por el contrario, los entrenadores/as más innovadores incluirán otros valores con un potencial educativo mucho mayor. La igualdad, la tolerancia, el respeto, la coeducación y la colaboración, y otros valores similares deberían servir de orientación en el proceso educativo y de entrenamiento. Además, estos valores deberán ser adaptados a las características y necesidades de cada contexto específico de entrenamiento.

2.5.2.- ¿Cuándo fomentarlos?

La promoción de valores educativos se debe plantear de forma similar a cómo se programan el resto de los contenidos de entrenamiento. Ya se ha comentado que el reto es ser capaz como entrenador/a de secuenciar aquellos contenidos psicopedagógicos que más interesan trabajar en cada una de las categorías. En este sentido, no valen recetas universales que sirvan a todos, sino que las propuestas que encontremos debemos reflexionarlas y adaptarlas a nuestro club y nuestros equipos.

Al ir programando de forma correcta estos contenidos a lo largo de los años, nos iremos dando cuenta de que cada categoría requiere y justifica unos valores determinados, que ayudarán a que el proceso de formación sea más completo y adaptado, y de mucho mayor calidad. En el siguiente gráfico se realiza una propuesta a modo de ejemplo de cómo se podría ir evolucionando a lo largo de las diferentes etapas y categorías.

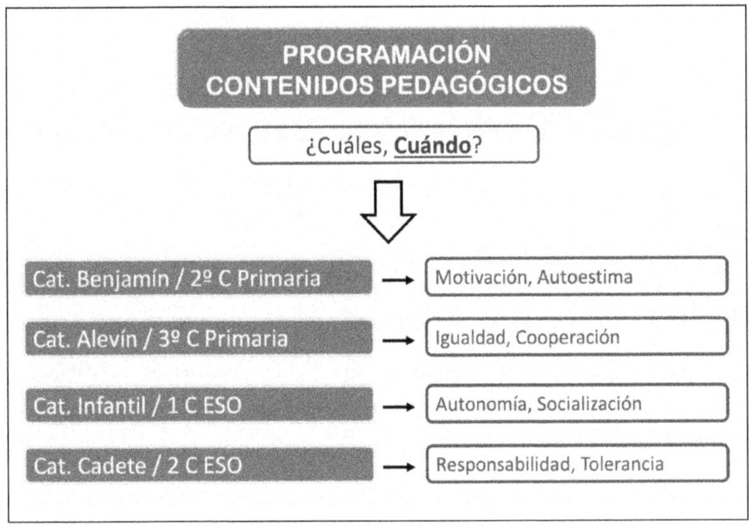

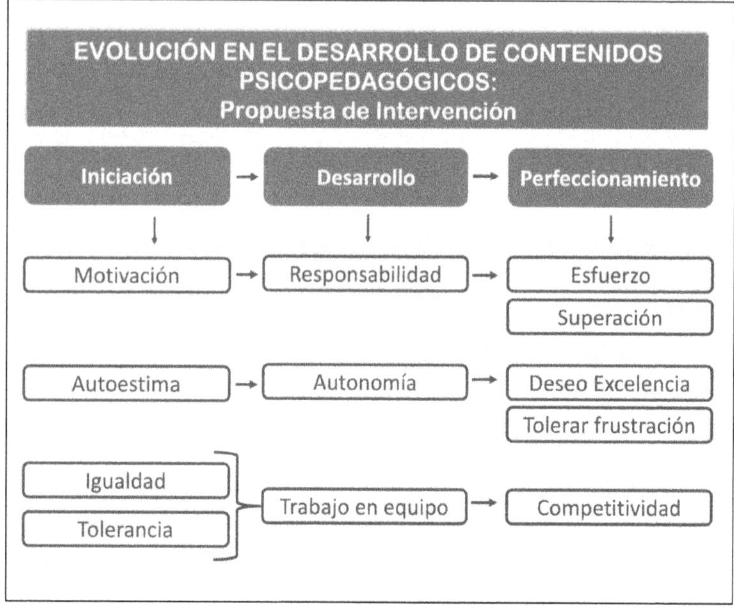

El trabajo que la "Fundación Real Madrid" lleva años haciendo para la promoción de valores educativos a través del programa y la publicación "Iniciación al Valorcesto" sirve de referencia en este apartado (Ortega el al., 2012). Adaptando dichas propuestas a este manual, exponemos dos valores importantes que nos podríamos plantear en cada una de las categorías de minibasket.

- **Categoría Benjamín (8-10 años).** En esta categoría se propone trabajar desde el principio el valor de la motivación y del aprendizaje lúdico con los chicos y chicas que se inician en minibasket. La justificación es clara y evidente. Hay que conseguir que a todos les guste y les interese el baloncesto. Conseguir esta motivación intrínseca de los jugadores obliga a utilizar metodologías muy activas y participativas. Además, de esta forma se mejorarán en mayor medida las habilidades y la condición física, y se fomentará en mayor medida hábitos de práctica.

Aunque la autoestima es más un contenido psicológico que pedagógico, se incluye aquí por la importancia que tiene en la educación de los jóvenes. A través del baloncesto se intentará conseguir que todos los jugadores mejoren la imagen que tienen de sí mismo, sean más o menos hábiles.

Tanto la motivación como la autoestima van muy relacionadas ya que a través del trabajo de la motivación mejoraremos la autoestima; mientras que mejorando la autoestima los jugadores se encontrarán más motivados.

- **Categoría Alevín (10-12 años).** En categoría alevín debe comenzar el trabajo de uno de los valores universales más importantes: la igualdad. Siguiendo con las capacidades trabajadas en la categoría anterior, el desarrollo de la igualdad supone entender que todos los jugadores deben tener las mismas oportunidades independientemente del nivel de aptitud. También es importante trabajar la igualdad de género.

  A la vez que se inicia de forma consciente el fomento de la igualdad, se inicia también el trabajo de la cooperación. Al ser el baloncesto un deporte de equipo, desarrollar la cooperación supone el trabajar en grupos heterogéneos en los que los jugadores aúnan esfuerzos y comparten recursos para mejorar su propio aprendizaje y también el de los demás miembros del equipo.

2.5.3.- ¿Cómo fomentarlos?

Antes de entrar a enumerar numerosas y sencillas estrategias prácticas que se pueden utilizar para el fomento de los valores, es necesario indicar los principios fundamentales que cada entrenador/a debe tener en cuenta antes de recurrir a las mismas:

- Hay que intervenir para poder educar. El baloncesto no es educativo por sí mismo, sino que serán las circunstancias en las que desarrolle las que hagan o no de éste un estupendo instrumento educativo.
- Hay que ser críticos con la metodología que tradicionalmente se ha utilizado en la enseñanza. Se deben buscar alternativas metodológicas que tienen mucho más en cuenta al jugador/a y al proceso de entrenamiento, y no tanto la selección y los resultados en la competición.
- Es imprescindible incluir de forma explícita los valores en la programación, tanto a largo plazo (programación anual más teórica), como a corto plazo (sesión diaria de entrenamiento).
- Evolucionar siempre de corto a largo plazo, y de lo personal a lo social en la programación de estos contenidos psicopedagógicos.
- Adaptarse siempre a la edad, nivel y características de los jugadores/as y del equipo.

Se diseña a continuación una tabla en la que se incluyen propuestas, ideas y matices que se pueden integrar en los entrenamientos (Giménez, 2003; Ortega et al 2012). Cómo se puede comprobar hay algunas estrategias que se repiten ya que se pueden utilizar en más de un valor como es lógico.

Valor: MOTIVACIÓN. Propuestas didácticas:

- Desarrollaremos la práctica del baloncesto de forma divertida y motivante, favoreciendo la participación y la adhesión a dicha práctica
- Buscaremos la participación activa del jugador a través de actividades dinámicas y significativas
- Utilizaremos juegos y actividades adaptadas a la edad y nivel de los jugadores, y así mejoraremos su motivación por la práctica
- Plantear retos constantes que estén al alcance de cada uno
- Evitaremos utilizar actividades de eliminación en las que algunos se quedan sin participar a las primeras de cambio
- Organizaremos cada sesión aprovechando al máximo el tiempo de práctica. Así mejoramos el desarrollo motriz de los alumnos, a la vez que evitamos que éstos se aburran
- Desarrollaremos en los jugadores actitudes positivas hacia la práctica deportiva a través de refuerzos continuos, ofreciendo una variedad de prácticas,

utilizando un carácter integrador y no excluyente, o no utilizando la consecución de fines a corto plazo

- Haremos ver a cada jugador, sobre todo a los menos "aptos", de las mejoras que van consiguiendo

Valor: AUTOESTIMA. Propuestas didácticas:

- Participación de todos los jugadores en todas las actividades
- Utilizaremos una comunicación positiva con los jugadores, planteando conocimiento de resultados afectivo e interrogativo, refuerzos positivos
- Diseñaremos las actividades posibilitando diferentes niveles de resolución. Con ello, todos los alumnos se motivarán por la práctica, y ganan en seguridad y confianza
- Exigir a cada uno en función de sus posibilidades fomentando el trabajo y la superación personal
- Desarrollaremos las diferentes competiciones en situaciones de igualdad, y utilizaremos las estrategias necesarias para evitar las diferencias excesivas
- Desarrollaremos las habilidades correspondientes a cada categoría buscando un desarrollo polivalente de éstas
- Fomentaremos que los jugadores conozcan su propio cuerpo y acepten, tanto sus posibilidades y limitaciones, como las de sus compañeros

- Facilitaremos el que los jugadores se sientan bien consigo mismos, permitiéndoles situaciones en las que se sientan aceptados y queridos por los demás

Valor: IGUALDAD. Propuestas didácticas:

- Trataremos a todos los alumnos por igual, reforzando la participación sin distinciones
- Evitaremos conductas injustas hacia los alumnos, o entre ellos mismos
- Facilitaremos la igualdad de oportunidades evitando actitudes compasivas o de lástima hacia compañeros con necesidades especiales, y fomentando su aceptación como un alumno más
- Intentaremos integrar a estos alumnos con la mayor normalidad posible, adaptando los aspectos necesarios para facilitarles la práctica. En segundo lugar, con ayuda o apoyo de otro compañero o profesor y, en último caso, sustituyendo la actividad por otra que persiga el mismo objetivo
- En situaciones de competición, todos participarán por igual independientemente del resultado
- Analizaremos continuamente el lenguaje que utilizamos en clase, con el fin de evitar la utilización de palabras con connotaciones discriminatorias o sexistas
- Utilizaremos a todos los alumnos como modelos a la hora de desarrollar y explicar las actividades, evitando el utilizar siempre a los mismos.

Valor: RESPETO. Propuestas didácticas:

- Crea un clima de respeto entre el alumnado, profesorado, árbitro, material, entorno e instalación
- Se coherente con lo que pides, y así, el primero en mostrar respeto
- Establece normas de la forma más participativa y democrática posible
- Muestra cómo las normas ayudan a mejorar la convivencia del grupo
- Premia las actitudes y conductas positivas de los jugadores y jugadoras en los entrenamientos y en los partidos
- Aprovecha los conflictos como potencial para el cambio
- Sanciona las conductas y no a las personas
- Ante un conflicto: a) detén la situación, b) separa a los implicados, c) analiza con ellos la situación, d) establece un compromiso de cambio de conducta

Valor: SOCIALIZACIÓN. Propuestas didácticas:

- Utilizaremos el baloncesto como contenido para mejorar la socialización bien entendida. El propio juego, y las reglas que vayamos introduciendo, deben servir para ir superando el egocentrismo de etapas anteriores
- Fomentaremos el respeto entre compañeros y adversarios, y el cumplimiento de las reglas

- Incidiremos en la importancia de la coeducación, fomentando siempre que podamos y el reglamento lo permita la práctica deportiva mixta
- En el caso de producirse conductas antideportivas, reflexionaremos con los jugadores sobre la inutilidad de dichas acciones y daremos soluciones entre todos
- Trabajaremos siempre en grupo, evitando el establecimiento de grupos de nivel
- Desarrollaremos actividades que necesiten de la colaboración entre los compañeros
- Programaremos no sólo las actividades a llevar a cabo en los entrenamientos, sino también la inclusión de las reglas, o la participación de un número mayor de participantes en las situaciones de competición

CAPÍTULO 3

LA ENSEÑANZA DEL MINIBASKET

El planteamiento que se hace en este tema pretende hacer reflexionar al entrenador/a sobre las posibilidades que tiene para enseñar el baloncesto en estas categorías, dejando constancia de la necesidad de utilizar perspectivas metodológicas activas, más interesantes desde el punto de vista didáctico y pedagógico.

3.1.- CONCEPTO Y CLASIFICACIÓN DE LOS MODELOS DE ENSEÑANZA

Es obligación de todos los entrenadores/as mantenerse al día y mejorar su formación profesional. Esto implica que no se puede enseñar siempre de la misma forma, sin tener en cuenta los avances que se producen en el propio deporte, y en otros ámbitos importantes como la salud, el psicológico, pedagógico y didáctico de nuestra área de conocimiento.

Para Blázquez (1995b), los principales elementos que más van a influir en la enseñanza de un deporte van a ser: las características del individuo que aprende, las características de la actividad deportiva, los objetivos que se pretenden alcanzar y, por supuesto, los planteamientos pedagógicos o métodos didácticos. Éstos últimos son motivo de estudio en este capítulo.

Los modelos de enseñanza se pueden identificar con las diferentes metodologías que utilizan los entrenadores/as en todo el proceso de enseñanza-aprendizaje de un deporte. De la Torre (1998, p.7) los define como "un plan para poner en conexión las características de los contenidos objeto de aprendizaje y las teorías explicativas de cómo se producen dichos aprendizajes en el escolar".

Desde este punto de vista, la metodología se convierte en el aspecto más importante y que más puede influir en el desarrollo de un correcto proceso de entrenamiento durante estas primeras etapas de formación. Por tanto, se intentan plantear en este tema las distintas posibilidades que tenemos para abordar la enseñanza del minibasket durante la etapa de iniciación al mismo, desde las más técnicas y tradicionales, hasta las más actuales y significativas para los jóvenes jugadores. Se desarrollan a continuación las características principales que identifican cada uno de estos modelos de enseñanza, para a continuación tomar partido por aquellas posibilidades que más nos interesan en la enseñanza del baloncesto durante la etapa de iniciación.

	ENFOQUE TRADICIONAL	ENFOQUE ALTERNATIVO
OBJETIVOS	Gran importancia, delimitan todo el proceso Expresión en términos de conductas claramente observables. Operativos Sólo se plantean objetivos en el ámbito motriz	Orientan el proceso Expresión en términos de capacidades Planteamiento de objetivos de forma integral, más globales
CONTENIDOS	Fundamentos fijos y estandarizados Predominio de técnica individual, medios técnico-tácticos Especialización temprana	Posibilidad de nuevas prácticas Predominio de táctica individual y colect. básica, medios táctico-técnicos Formación polivalente
METODOLOGÍA	Técnica de enseñanza y estilos directivos. Importancia del entrenador Enseñanza analítica a través de ejercicios sin aplicación real Aprendizaje repetitivo Copia del modelo para adultos	Técnica de enseñanza y estilos indagativos. Importancia de los jugadores Enseñanza más global a través de juegos en situaciones reales Aprendizaje significativo Modelos adaptados a practicantes C.R. afectivos e interrogativos
EVALUACIÓN	Evaluación del rendimiento Evaluación final Evaluación sólo del jugador	Evaluación del proceso Evaluación continua Evaluación del entrenador y del jugador
OTROS ASPECTOS	Competición como fin Inexistencia de coeducación Selección de los mejores No adaptación de las reglas Formación técnica del entrenador	Competición como medio Fomento de práctica coeducativa No selección ni discriminación Flexibilidad en las reglas Formación más psicopedagógica

3.2.- METODOLOGÍA TRADICIONAL

3.2.1.- Conceptos básicos

De forma general se puede definir la enseñanza tradicional del baloncesto como aquella perspectiva metodológica que se sustenta, principal y casi exclusivamente, en la enseñanza de la técnica individual, olvidándose de su aplicación real y práctica. Para ello, el entrenador va planteando sucesivamente los diferentes modelos de ejecución correctos a través de actividades y situaciones motrices analíticas aisladas del juego real, que los jugadores tienen que repetir una y otra vez hasta conseguir la técnica perfecta de las diferentes habilidades. Así, el entrenador se convierte en la pieza fundamental de todo el proceso de enseñanza-aprendizaje, teniendo los jugadores una participación pasiva sin incidencia ninguna en este proceso.

Además, en este planteamiento, la competición y los resultados son lo verdaderamente importante, por lo que la enseñanza se orienta en ese sentido buscando una selección y especialización de los jugadores desde edades demasiado precoces.

3.2.2.- Aplicación de la metodología tradicional en la enseñanza y el aprendizaje del baloncesto

Partiendo de las interesantes aportaciones planteadas por numerosos autores, la utilización de esta metodología en la enseñanza del baloncesto ha conllevado algunos errores importantes tanto a nivel educativo como didáctico que es necesario corregir. Se resumen a continuación:

En el ámbito educativo o pedagógico:

- Lo principal que se quiere destacar es que esta metodología ha dado demasiada importancia a los resultados en la competición en todas las categorías, desde la iniciación hasta las etapas de mayor rendimiento. Esta búsqueda de buenos resultados en la competición desde edades tempranas ha conllevado numerosas consecuencias que han perjudicado gravemente el proceso de enseñanza-aprendizaje: abandono deportivo, excesiva tecnificación, especialización temprana, ansiedad y estrés, etc.
- Utilización de metodologías más propias del entrenamiento con adultos.
- Comienzo de la práctica a edades demasiado tempranas con el objetivo de poder competir pronto a niveles superiores de lo que las características psicoevolutivas de los jugadores recomiendan.
- Selección de los mejores desde el primer momento, discriminando a los que menos aptitud presentaban e impidiéndoles la posibilidad de participar en un equipo deportivo.
- Enseñanza de contenidos no acordes a la edad y nivel de los jugadores, lo que ha conllevado muchas veces falta de comprensión, motivación y aburrimiento.

- Seguimiento estricto de las normas oficiales de competición, evitando una adaptación progresiva de éstas a los chicos y chicas participantes.
- Excesivas horas de entrenamiento y competición para los mejores jugadores, lo que conlleva, en muchas ocasiones, el sobre entrenamiento del jugador.
- Fomento de valores típicos del deporte de alta competición (esfuerzo, sacrificio, disciplina, ...) que nada tienen que ver con los valores que se deben desarrollar en el entrenamiento de escuelas deportivas de iniciación al baloncesto (igualdad, tolerancia, solidaridad, ...).

En el ámbito didáctico o metodológico:

- Utilización de estilos de enseñanza demasiado directivos en los que los jugadores tienen poca participación, ya que toda la importancia se centra en el profesor/entrenador.
- Trabajo de la técnica aislado del trabajo de la táctica: Se realizan acciones técnicas aisladas y analíticas, sin que se integren en situaciones similares al juego real.
- Actividades excesivamente monótonas y repetitivas donde no se utiliza la oposición en demasiadas ocasiones.
- Importancia de la ejecución de cada habilidad muy por encima de los mecanismos de percepción y decisión en el desarrollo de las mismas.
- Pobreza, falta de progresión en las situaciones de juego y predominio de situaciones como 1x0 y 5x5. Falta de

situaciones intermedias donde exista oposición, colaboración y colaboración-oposición en inferioridad y superioridad numérica (1x1, 2x1, 2x2, 3x2,...).

- Especialización demasiado temprana. Trabajo muy precoz de puestos específicos (base, alero, pivot) en los que se especializa al jugador desde el primer momento y donde no se le permite un trabajo mucho más rico, polivalente e integral.

Todas estas características hacen que numerosos profesionales busquen alternativas que acerquen en mayor medida la práctica del baloncesto a los jóvenes y, sobre todo, que ésta se lleve a cabo de forma educativa.

3.3.- METODOLOGÍA COMPRENSIVA

3.3.1.- Conceptos básicos

Si la metodología tradicional se centra, sobre todo, en el aprendizaje de la técnica de forma aislada de lo que es el juego real, esta alternativa de enseñanza se interesará por comprender los principios básicos que rigen el juego del baloncesto, para a partir de ahí ir aprendiendo los diferentes contenidos en un contexto mucho más cercano al juego real.

Se trata, en definitiva, de diseñar tareas y actividades que hagan que los jugadores se enfrenten desde el principio con situaciones muy parecidas al juego real del baloncesto, en las que la presencia del balón, la canasta, los compañeros y los adversarios sea constante. Evidentemente, estas situaciones tácticas demandarán del propio juego en algunas ocasiones la necesidad de aprendizajes más técnicos y analíticos que habrá que resolver.

Esta opción metodológica apuesta por una enseñanza diferente, donde todos los jugadores tienen cabida, y donde la participación activa de cada jugador es imprescindible. La labor del entrenador sigue siendo muy importante pero diferente. En este caso se encargará de orientar correctamente el aprendizaje, más autónomo ahora, de sus jugadores y buscando una motivación constante de los mismos.

Desde la perspectiva práctica de este modelo, el profesor o el entrenador "debe proceder de modo que el practicante entienda lo que debe hacer, intención táctica, antes de conocer cómo debe hacerlo, modalidad técnica" (Tavares, 1997, p. 43). Añade este autor que, en la enseñanza de los juegos deportivos, la táctica individual será el punto de referencia a la hora de estructurar el proceso de enseñanza-aprendizaje, posibilitando la formación de jugadores con capacidad de decisión propia.

En esta línea de trabajo se manifiesta Garganta (1997, p.21), para el que en la enseñanza de los juegos deportivos como el baloncesto "se debe proponer al practicante, formas lúdicas con reglas simples, con menos jugadores y en un espacio más reducido, de modo que permita la continuidad de las acciones y mayores posibilidades de concretización". Para este autor y otros como Lasierra (1993), lo que interesa sobre todo es desarrollar en los alumnos una disponibilidad motora y mental que colabore en la comprensión de las reglas de acción y principios básicos del juego. Para conseguir esta disponibilidad motriz, será necesario utilizar la transferencia entre las distintas habilidades motrices que componen los juegos deportivos (Graca, 1997). Añade este autor que desde muy temprano se practiquen las habilidades en contextos variados; estar poco tiempo practicando como habilidades cerradas; desarrollar el cómo, el qué y el cuándo de las habilidades; y utilizar situaciones muy parecidas a lo que ocurre en la realidad del juego. Los juegos modificados van a ser el elemento principal utilizado en este modelo para la enseñanza de las diferentes habilidades (Devís y Peiró, 1992).

3.3.2.- Aplicación de la metodología comprensiva en la enseñanza y el aprendizaje del baloncesto

Al igual que se ha sintetizado en el modelo tradicional, se analiza ahora de forma resumida las ideas prácticas que incorpora este modelo a la enseñanza del baloncesto en las primeras etapas de formación.

En el ámbito educativo o pedagógico:

- Si en la metodología tradicional el centro de atención es el entrenador/a, en esta es el jugador/a. Desde el punto de vista educativo, este cambio es fundamental, ya que a partir de este momento todo el proceso queda supeditado a las necesidades e intereses de los jugadores/as. Se termina por tanto la importancia, impuesta por los adultos, de los resultados y la competición en estas edades.

- Se plantea la importancia de utilizar metodologías específicas del entrenamiento con niños, que nada tienen que ver con las necesidades del deporte de alta competición.
- Pasa a tener una gran importancia el juego de cooperación por encima del juego de competición. Ésta pasa a ser utilizada como un medio más, importante por supuesto, del aprendizaje del baloncesto. Esta competición debe ser planteada con unas características muy diferentes de las del adulto.
- Todos los jugadores, como es lógico, tienen derecho a disfrutar de la práctica del baloncesto. Bajo esta perspectiva, se terminan, por tanto, las típicas pruebas de selección más típicas del deporte de alta competición.
- Se trabajan sólo aquellos contenidos acordes a la edad y nivel del jugador/a, buscando la motivación, el desarrollo integral el fomento de hábitos de prácticas, el aprendizaje polivalente de nuestro deporte, etc.
- Las normas de juego se utilizan de forma flexible y se adaptan a las necesidades del equipo.
- Se plantea la importancia del desarrollo saludable de la condición física de todos los jugadores/as.
- Al tener tanta importancia el ámbito educativo, los valores que se desarrollan son completamente diferentes del entrenamiento con jugadores y jugadoras adultos como ya se ha comentado anteriormente. En este caso, van a predominar valores universales como la igualdad, la tolerancia o la solidaridad por ejemplo.

En el ámbito didáctico o metodológico:

- Utilización de estilos de enseñanza de indagación (resolución de problemas y descubrimiento guiado principalmente), donde tienen una participación mucho más activa todos los jugadores/as.
- Trabajo conjunto de la técnica y la táctica. Se realizan y fomentan todo tipo de actividades y acciones similares al juego real donde el jugador/a pueda desde el primer momento comprender los principios tácticos básicos que se buscan en cada actividad.
- En línea con la idea anterior, se busca el diseño de actividades creativas y motivantes. En este sentido, la utilización de balón, canasta y oponente es constante. También el uso de variantes de cada actividad.
- Progresión en las situaciones de juego (desde el 1x1 hasta el 5x5), y predominio de situaciones donde existe oposición. Por tanto, toman gran importancia las situaciones reales intermedias de competición (1x1, 2x1, 2x2, 3x2, 3x3).
- Para facilitar las situaciones de ataque, se utilizan a menudo situaciones de superioridad numérica (2x1, 3x2).
- Formación polivalente del jugador y trabajo de la especialización a largo plazo. A edades tempranas no se plantea la utilización de puestos específicos, de forma que todos los jugadores se desarrollarán de forma más completa y global.

Se termina este apartado intentando sintetizar en la siguiente tabla los principios básicos, los criterios pedagógicos, y la aplicación didáctica de la metodología específica que hemos planteado para la enseñanza del minibasket.

METODOLOGÍA ESPECÍFICA PARA LA ENSEÑANZA DEL MINIBASKET	
1.- PRINCIPIOS BÁSICOS	• Entender principios básicos del juego • Desarrollo de la táctica individual y colectiva • Importancia del proceso • Los jugadores participan en su propio aprendizaje
2.- CRITERIOS PEDAGÓGICOS	• Entrenador como educador • Métodos Específicos para la formación • Importancia relativa de resultados • No selección de jugadores en edades tempranas • Contenidos adaptados • Valores propios de los jóvenes en formación • Desarrollo integral de la salud
3.- APLICACIÓN DIDÁCTICA	• Técnicas de indagación • E.E. Resolución problemas y descubrimiento guiado • Estrategias globales • Comunicación positiva y asertiva • Participación activa del jugador/a • Diseño de actividades creativas y significativas

3.4.- DIFERENCIAS ENTRE CATEGORÍA BENJAMÍN Y ALEVÍN

Se quiere reflexionar también en este capítulo dedicado a la enseñanza sobre algunas distinciones y matices didácticos que parecen importantes y que se podrían tener en cuenta en función de la categoría que entrenemos, sea con los más jóvenes (benjamín o premini) o con los mayores (alevines). La intención sigue siendo la misma, acercar y adaptar al máximo el minibasket a la edad y nivel de los/as participantes.

3.4.1.- Categoría Benjamín

La categoría benjamín, o preminibasket, engloba las edades comprendidas entre 8 y 10 años aproximadamente (ya que podemos encontrarnos chicos/as que se inician en esta categoría sin haber cumplido todavía los 8 años). A nivel psicoevolutivo, los chicos y las chicas de estas edades han dado un avance general muy grande en las diferentes áreas (Oña, 2005): cognitiva, social, emocional y motriz. Ello le permite entender un juego tan complejo como es el minibasket, y comenzar su aprendizaje.

Coincide esta categoría con la edad idónea de iniciación deportiva (Blázquez, 1995a). Por tanto, se hace necesario establecer una serie de matices que nos orienten mejor el proceso de enseñanza, y que contribuyan a una formación de mayor calidad. Vemos algunas a continuación:

- Inicio de la práctica del minibasket.
- Objetivos fundamentales: promoción y aumento del número participantes.
- Chicos y chicas juntos, equipos mixtos.
- Gran importancia de las habilidades genéricas, sobre todo al principio.
- Reglas flexibles. Realizar las modificaciones necesarias con la finalidad de adaptarnos al nivel de los jóvenes que están comenzando.
- Trabajo de valores. Incidir, sobre todo, en la mejora de la motivación y autoestima como ya hemos comentado.
- Importancia del trabajo en media cancha.
- Organización semanal de los entrenamientos: 2-3 días por semana 1 h. de duración.
- Se puede iniciar la competición, pero ésta no debe ser oficial. Debemos jugar un número menor de partidos, y

además la organización de los mismos debe ser distinta de lo establecido oficialmente (duración, participación, puntuación, arbitraje, trascendencia, ...).

- Por parte del entrenador/a, debemos buscar un perfil claramente educativo con una gran paciencia y motivación por la enseñanza.

3.4.2.- Categoría Alevín

Es esta una categoría muy interesante y atractiva. Los chicos/as de 10-12 años siguen evolucionando y superan por completo el egocentrismo típico de edades anteriores (Oña, 2005). Esto le ayuda a mejorar muchísimo sus relaciones sociales y la comunicación. La mejora cognitiva le ayuda a entender mejor el juego y las reglas. Además, es una etapa de gran evolución física y motriz, lo que le permite profundizar, mucho más que en la categoría anterior, en los distintos contenidos técnico-tácticos del minibasket.

Al igual que antes, indicamos algunas orientaciones específicas para esta categoría:

- Objetivos: promoción, aumento del número participantes, mejora habilidades específicas, y adquisición hábitos práctica.
- Chicos y chicas juntos a ser posible.
- Importancia de los contenidos técnico-tácticos, individuales y colectivos básicos.
- Reglas oficiales.

- Programar valores educativos, y hacer partícipes de los mismos a la familia.
- Trabajo en ½ cancha y cancha completa.
- Organización semanal entrenamientos: 3 días por semana 1 ½ h. de duración.
- Competición oficial minibasket, ligas y torneos, repartir minutos entre todos/as de forma más o menos uniforme.
- Necesidad de un perfil educativo del entrenador, pero con mayor conocimiento específico del juego.

3.5.- POSICIONES Y PUESTOS ESPECÍFICOS

3.5.1.- Concepto posiciones y puestos específicos

En el juego del baloncesto, como en los demás deportes, cada jugador tiene unas determinadas funciones dentro del equipo. Estas funciones atienden a la antropometría y a las cualidades específicas de cada jugador/a: cualidades físicas, cualidades técnico-tácticas y cualidades psicológicas.

Las posiciones y puestos específicos son dos conceptos muy útiles en el proceso de formación del jugador, que pueden servir para ir desarrollando el mismo de forma escalonada, progresiva, y evitando así una especialización demasiado temprana.

- *Posiciones específicas.* Van a ser los sitios o lugares específicos que establecemos espacialmente en el terreno de juego. En función de la posición específica en la que se sitúe el jugador, que irá variando a lo largo de una situación de entrenamiento o de un partido, éste realizará unas u otras funciones en el equipo (en un partido de minibasket, si un jugador sube botando y ocupa la posición central asumirá las funciones de base. En la siguiente jugada se queda cerca de la línea de fondo por lo que asumirá las funciones de pivot).

- *Puestos específicos.* Van a ser la función específica del jugador en el equipo (base, escolta, alero, ala-pivot, y pivot). Si juega de base o de alero, tendrá unas funciones determinadas en el equipo, independientemente de la posición que ocupe (en un partido de baloncesto, el alero seguirá siendo alero aunque haya alguna situación en la que salga de su posición específica).

3.5.2.- Aplicación al entrenamiento

Para evitar una especialización demasiado precoz de los jugadores/as, se ha de programar la formación con tiempo, pasando por unas etapas previas de obligado cumplimiento. Así, en una primera etapa de formación, no se utilizarán ni las posiciones ni los puestos específicos (hasta los 9-10-11 años aproximadamente). En esta etapa, cada alumno/a jugará en diferentes posiciones dentro del orden necesario marcado por el entrenador. La función del entrenador/A será hacerles ver donde se pueden situar, que vean los espacios libres, donde son más necesarios, cómo, cuándo, por qué, etc.

A partir de ahí, comenzará el proceso de especialización planteando las posiciones específicas (12-13 años). Por tanto, será un primer paso en la formación específica del jugador/a. Se intentará que todos los jugadores/as pasen por todas las posiciones para así adquirir las habilidades necesarias en cada posición, formándose de la forma más completa posible.

Fuera ya de las categorías de minibasket, sobre los 15-16 años, se empezarán a trabajar los puestos específicos. Primero el jugador/a se especializará en más de un puesto específico (exterior o interior por ejemplo), para posteriormente especializarse en uno solo, donde el jugador/a es más eficaz (a partir de los 17-18 años).

3.6.- UTILIZACIÓN DE LA COMPETICIÓN

La competición en esta etapa debe utilizarse siempre como un elemento importante de enseñanza y también, como no, de motivación. Entenderla como medio supone asumir que la finalidad de esta etapa no son los resultados a corto plazo, sino que es mucho más importante la utilización metodológica correcta de la competición. Para ello, pensamos sería de interés plantearnos su utilización en entrenamientos y partidos:

- En los entrenamientos el uso de la competición como medio tiene mucho que ver, sobre todo, con el uso de tareas que simulen situaciones reales de competición reducida para el aprendizaje de los distintos contenidos técnico-tácticos. También se utilizará el elemento competitivo en las distintas actividades para favorecer la motivación de los chicos/as.

RELACIÓN COMPETICIÓN Y METODOLOGÍA

- **Motivación**
- **Indagación**
- **Situaciones reales**
- **Necesidad adaptaciones**
- **...**

– Por otro lado, la competición oficial en la que se participe debe plantearse con unas características educativas específicas (quitar transcendencia, menor importancia del resultado, participación homogénea de los jugadores, etc.), y además debe ser programada de forma que los jugadores/as se vayan incorporando a la competición de forma progresiva (Giménez, 2000). Por ejemplo, el primer año de benjamines plantear sólo partidos amistosos en los que se programe de otra forma el número de partidos, la participación, las reglas, el resultado y la clasificación, etc. A partir del segundo año de entrenamiento se pueden incluir ya partidos oficiales con reglamento más estandarizado.

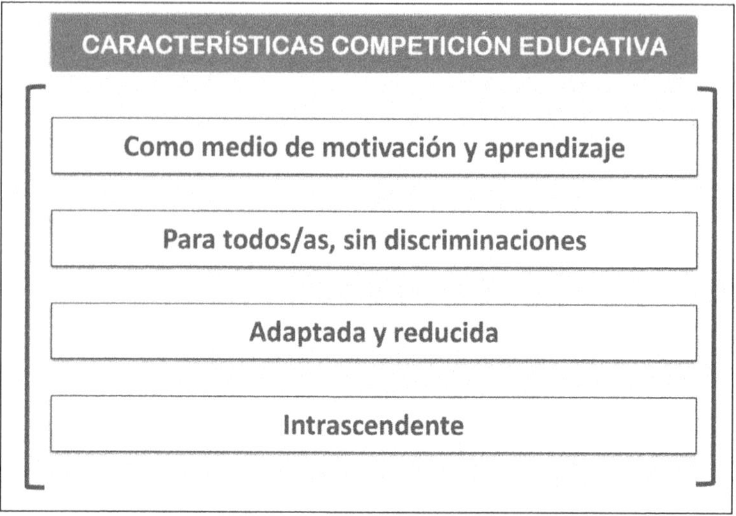

3.7.- FILOSOFÍA DEL JUEGO EN MINIBASKET

Estrechamente relacionado con la metodología de enseñanza que se debe utilizar en estas categorías, debe plantearse la filosofía con la que se va a jugar y participar en la competición. Cárdenas (2010) entiende por filosofía de juego la organización de las acciones, tanto comunes como específicas, estando los jugadores distribuidos en el terreno de juego según cierto criterio de actuación. Tienen como fin la organización racional del ataque y la defensa, así como el paso de uno a otro en ambos sentidos. Esta filosofía debería definir aspectos importantes como el ritmo al que se va a jugar, la movilidad que puedan tener los jugadores/as, o el grado de libertad que se le va a dar a los mismos.

ESTILO DE JUEGO

El modo, manera o forma de jugar al baloncesto (Cárdenas, 2010)

EN FUNCIÓN DEL ...

Ritmo de juego: rápido o controlado
Movilidad jugadores: dinámico o estático
Grado libertad: libre, semilibre o estructurado

Determinarán sistemas de juego a utilizar

SISTEMAS DE JUEGO EN CATEGORÍAS FORMACIÓN

- Ritmo de juego alegre y rápido
- Gran dinamismo y movilidad de los jugadores
- Todos los jugadores pasan por todas las posiciones al principio. Evolución en la especialización
- Tipo de sistemas: juego libre y semiestructurado, trabajo por conceptos
- Ejemplos: pasar y jugar, pasar y bloquear, etc.

De forma muy resumida, y desde una perspectiva comprensiva como la que se plantea en este manual, la filosofía de juego en minibasket debería tener en cuenta las siguientes apreciaciones:

- Predominio claro del trabajo de ataque sobre el de defensa.
- Introducir progresivamente normas de juego colectivo.
- De forma general, plantear juego libre y poco estructurado.
- Fomentar el juego rápido, valiente y creativo.
- Repartir el protagonismo entre los jugadores/as.
- No introducir puestos específicos, evitando de esta forma una especialización demasiado temprana.
- Predominio claro de la defensa individual en ½ campo. En caso de hacerse en campo entero, ésta también debe ser individual (desechar defensas zonales en todo campo, que por desgracia tan de moda están hoy día).
- Entrenador/a: paciencia y respeto, dejar jugar, y fomentar creatividad.

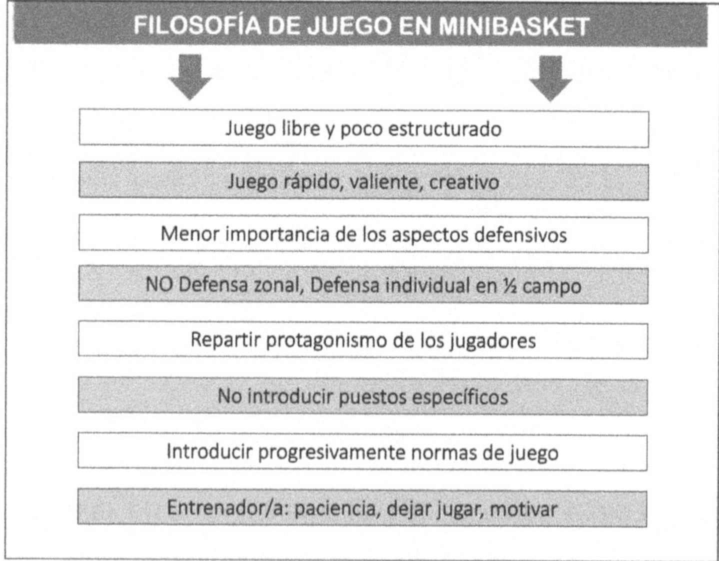

CAPÍTULO 4

ETAPAS DE FORMACIÓN EN MINIBASKET

Se aborda en este tema diferentes consideraciones generales que el entrenador/a debe tener en cuenta en todo el proceso de formación durante la etapa de iniciación (que se corresponde con el minibasket).

4.1.- EL PROCESO DE FORMACIÓN DEPORTIVA

Como se ha intentado ir dejando patente a lo largo de la presente publicación, cualquier chico o chica que comienza a practicar baloncesto, debe seguir un proceso de formación lo más adaptado posible a su edad y nivel. Es decir, debe pasar por una serie de etapas o fases, de forma que podamos programar el trabajo con tiempo suficiente, de forma progresiva y coherente, sin tener prisas, y evitando que nos saltemos pasos y escalones necesarios en la educación deportiva de los jugadores (Giménez, 2000).

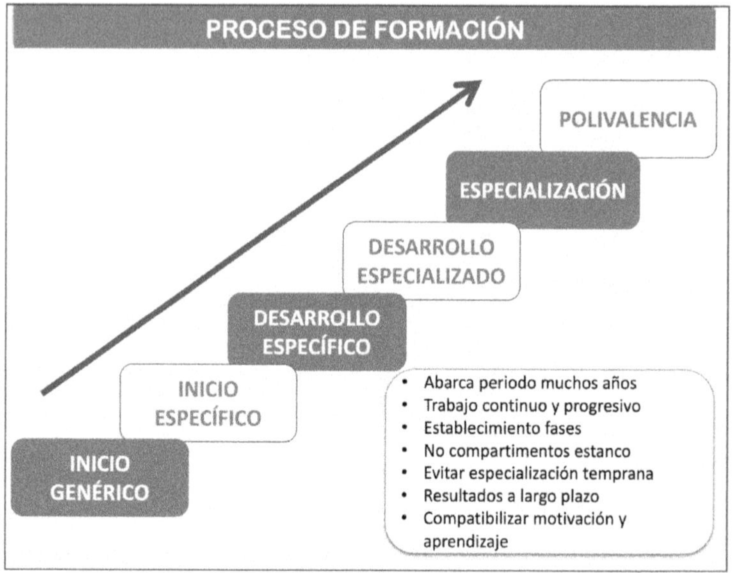

De forma casi generalizada este proceso completo, desde el inicio hasta la etapa adulta, se ha dividido en tres grandes fases con una gran interrelación entre ellas:

- Una primera fase denominada "**Iniciación**", que se sitúa entre los 7-8 y los 12-13 años. Se producen los primeros contactos de los chicos y chicas con el baloncesto. Lógicamente es una etapa de aprendizaje básico y cuyo objetivo principal es acercar el minibasket a los jóvenes.
- Una segunda etapa denominada "**Desarrollo**", que abarca de los 13-14 hasta los 18-20 años, y en la que se produce todo el aprendizaje del baloncesto a través del entrenamiento sistematizado a lo largo de los años.
- Por último, una tercera fase denominada "**Perfeccionamiento**", situada entre los 18-20 y los 30-

35 años. Esta fase se destina a la especialización máxima, y al máximo rendimiento individual y colectivo.

Si bien el establecimiento de estas grandes etapas parece un acierto, también parece que falta seguir profundizando en cada una de ellas con el objetivo de establecer un proceso más escalonado y progresivo, lo que facilitará el aprendizaje del minibasket. En este sentido, en una publicación anterior (Giménez, Abad y Robles, 2010) se planteaban las diferentes etapas que se pueden establecer durante la fase de iniciación deportiva. La finalidad de dicha propuesta pretendía colaborar en un proceso formativo más adaptado a las características psicoevolutivas de los jóvenes jugadores/as. Intentamos ahora aplicarla de forma específica a la etapa formativa de minibasket.

4.2.- PRIMERA ETAPA DE INICIACIÓN: APRENDIZAJE Y DESARROLLO DE HABILIDADES GENÉRICAS

El inicio en la práctica deportiva no puede ni debe ser el contacto directo y específico con un deporte, minibasket en este caso. Las habilidades genéricas ayudan a conectar, de forma más progresiva y eficaz, la motricidad general típica de etapas anteriores (que hay que separar claramente del inicio de la práctica deportiva con el objetivo de evitar una especialización demasiado temprana), con el inicio en el aprendizaje del minibasket. Estas habilidades tienen unas interesantes características que ayudan en gran medida a conseguir un aprendizaje global, inespecífico y polivalente:

son mucho más fáciles de poner en práctica, no requieren de un material ni de una instalación específica, tienen poca/ninguna tecnificación, se adaptan mejor a las reglas flexibles que se deben utilizar, y son muy motivantes para los chicos y chicas que comienzan la práctica del minibasket.

Se ubica esta etapa en las edades comprendidas entre los 6-7 y los 8-9 años aproximadamente (se marcan las edades de forma orientativa, y debe ser el entrenador/a el que adapte estas propuestas a su realidad particular), y engloba a su vez los siguientes pasos:

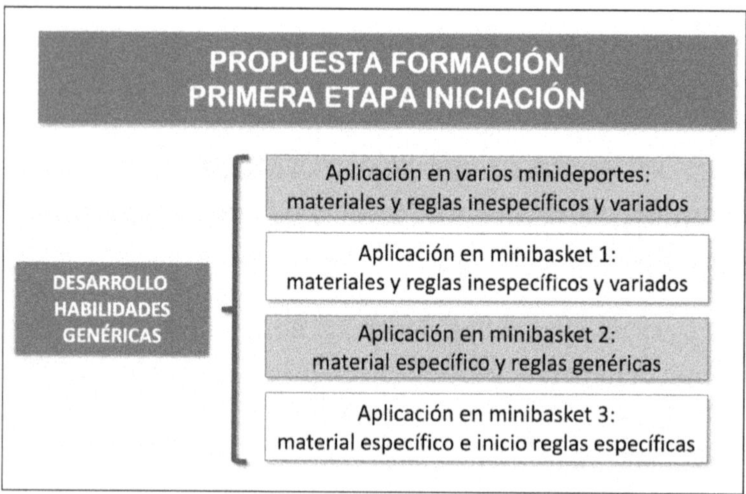

4.2.1.- Desarrollar habilidades genéricas para varios minideportes

En esta primera etapa se trataría de trabajar aquellas situaciones motrices que son comunes a la mayoría de los deportes. La intención es hacer de puente entre la motricidad básica de la etapa anterior y la iniciación específica a un deporte. Por tanto, el principal objetivo será que el niño se acerque por primera vez al deporte, por lo que la adaptación debe ser máxima para conseguir una mayor facilidad en el aprendizaje aumentando la motivación.

Como principales situaciones didácticas se utilizarán juegos modificados cuyo objetivo sea la adquisición y mejora del bote, conducción, habilidad y manipulación del móvil, lanzamientos y recepciones, golpeos, rebotes, interceptaciones, pase y recepción,... Para ello, las situaciones de juego a utilizar serían: psicomotrices, situaciones reducidas con oposición, y situaciones reducidas con colaboración-oposición.

4.2.2.- Desarrollar habilidades genéricas aplicadas en minibasket

Se empieza a trabajar aquellas habilidades genéricas que son la base sobre las que, posteriormente, se sustentarán las habilidades específicas del minibasket. Por ejemplo, se trabajará el bote, las paradas o los pases de forma inespecífica y con material adaptado a su edad y nivel. Tampoco las reglas serán específicas. Sería el primer paso en el aprendizaje de un solo deporte como el minibasket.

Las situaciones didácticas a utilizar serían: Juegos en donde se trabajen los distintos aspectos técnico-tácticos básicos, como por ejemplo, pases y bote, etc... además de plantear actividades en donde aumente la incertidumbre debido a la introducción de los medios tácticos básicos como son el marcaje y desmarque, búsqueda y creación de espacios libres propios del minibasket. El principal objetivo es que el niño/a vaya asimilando los conceptos de conservación del móvil y progresión hacia la meta (Antón 1990), y en donde se estimule principalmente el mecanismo de percepción en situaciones de juego.

4.2.3.- Desarrollar habilidades genéricas aplicadas en minibasket con material específico

Al seguir evolucionando con la mayor progresión posible, se introduce el material específico (campo, balones, canastas). La formación sigue siendo global, inespecífica y polivalente, insistiendo en desarrollar la creatividad, la salud y los hábitos de práctica.

Siguen evolucionando las situaciones pedagógicas, empleando juegos similares a la etapa anterior aunque varía las características de los mismos (balón, canasta y terreno de juego específicos).

Se empieza a hacer mayor hincapié en juegos en donde el niño/a desarrolle la percepción y la toma de decisión en situaciones reales o similares a la real: juegos para que conocer y desarrollar los distintos tipos de pases, de lanzamientos, botes, conducciones...; juegos para desarrollar el encadenamiento o la correcta elección de distintos aspectos técnico-tácticos: pases/lanzamiento, fintas de pases, etc.

4.2.4.- Desarrollar habilidades genéricas aplicadas en minibasket con material específico e inicio de las reglas

Sin solución de continuidad y estrechamente relacionado con la etapa anterior, se empiezan a introducir las reglas más importantes (relacionadas con el bote o los desplazamientos por ejemplo).

Se emplearán juegos en donde se desarrollen situaciones similares al minibasket en su conjunto. Es decir, aplicación en situaciones reales de juego de los "elementos técnico-tácticos" aprendidos en las etapas anteriores. Se favorece de esta forma el desarrollo del pensamiento táctico básico.

4.3.- SEGUNDA ETAPA DE INICIACIÓN: INICIO Y AFIANZAMIENTO EN EL APRENDIZAJE DE HABILIDADES ESPECÍFICAS

El paso del aprendizaje de las habilidades genéricas a las específicas no se puede hacer a modo de compartimentos estanco, sino que hay que ir entrelazándolas. Las habilidades específicas (los contenidos técnico-tácticos del minibasket) se empiezan a practicar y aprender cuando se está terminando el desarrollo de las habilidades genéricas. A lo largo de esta etapa, comprendida entre los 8-10 y los 12-13 años, se deberían ir enseñando las habilidades específicas más importantes. Se empezará por las habilidades o contenidos t-t individuales (bote, parada, tiro...) para pasar posteriormente a los colectivos (pase-recepción, pase y desplazamiento...), y dedicando un mayor tiempo a las de ataque sobre las de defensa. La formación tiene que ser igual para todos los jugadores evitando la especialización en una posición específica o determinada.

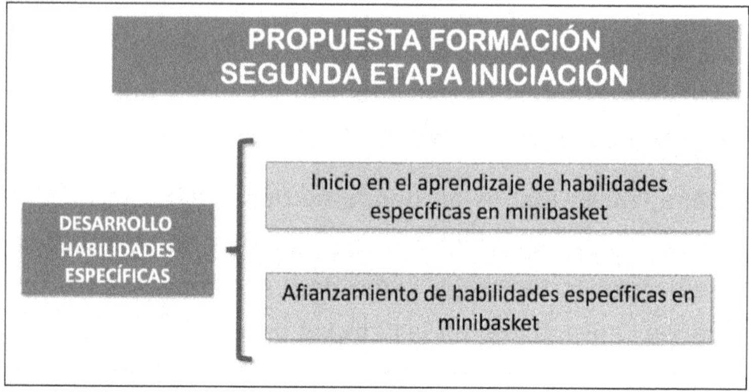

4.3.1.- Inicio en el aprendizaje de habilidades específicas en minibasket

Al comenzar esta etapa hay que tener presente que es una etapa de transición entre las habilidades genéricas y las específicas, por lo que se comenzará con un reparto equilibrado del trabajo general y el específico. Éste último irá adquiriendo mayor importancia a lo largo de la misma.

En esta etapa, las actividades competitivas irán adquiriendo algo de importancia sin olvidar en ningún momento el aspecto educativo por encima de todo.

La integración de las habilidades específicas se planteará mediante situaciones en forma de juego, en donde se busque fundamentalmente el desarrollo del mecanismo de decisión, desarrollo de la anticipación cognitiva.

Se plantearán actividades en forma de juegos en donde se desarrollen las habilidades específicas propias del minibasket, mediante situaciones semejantes al juego real, sobreentendiéndose que serán también específicas tanto las reglas, como la instalación y el material.

4.3.2.- Afianzamiento de habilidades específicas en minibasket

El objetivo es insistir en el refuerzo del aprendizaje de las habilidades específicas comenzado en la fase precedente. Para ello se propondrán actividades jugadas y juegos con material y reglas específicas. Se trabajarán los medios técnico-tácticos individuales y colectivos básicos. Además, se pasará por todos los puestos, lo cual favorecerá la creación de un adecuado bagaje motor y una mejora en la comprensión del juego.

CAPÍTULO 5

LA PLANIFICACIÓN DEL ENTRENAMIENTO EN LA INICIACIÓN AL BALONCESTO

Llegando a la parte final de esta publicación, es el momento de aplicar de la forma más real posible todos los temas desarrollados. Entendemos la programación, sea ésta a corto (diseño de actividades y sesiones de entrenamiento), medio (unidades didácticas, microciclos o mesociclos) o largo plazo (una o varias temporadas de entrenamiento), como la forma de preparar con antelación los contenidos a desarrollar con los/as jóvenes practicantes. Todos los planteamientos, teóricos y prácticos, del entrenador/a tienen que verse reflejados en la programación que lleve a cabo.

5.1.- NECESIDAD DE PROGRAMAR EL MINIBASKET

Planificar con antelación estos contenidos se justifica, fundamentalmente, por tres motivos: para no improvisar el trabajo que se debe desarrollar, por tener seguridad en cada una de las sesiones de entrenamiento y, en definitiva, por sacar adelante entrenamientos de calidad que repercutan directamente en un mejor proceso de formación del jugador/a.

5.2.- DISEÑO DE ACTIVIDADES PARA EL ENTRENAMIENTO

El diseño de actividades o tareas motrices es una de las funciones más comunes e importantes del profesorado de Educación Física y del entrenador/a de cualquier deporte. El éxito pedagógico de cada una de las clases o sesiones de entrenamiento va a depender directa o indirectamente de la selección y diseño de los juegos y ejercicios a realizar.

El Diccionario de las Ciencias de la Educación (1988, p.40) enumera cinco interesantes principios que explican el grado de utilidad de las actividades en el contexto educativo:

- Para alcanzar un objetivo determinado será necesario proporcionar al alumno aquellas actividades que le permitan practicar el tipo de conducta prevista.
- La actividad propuesta debe permitir al alumno sentir cierta satisfacción al vivir el cambio de conducta dentro de la nueva experiencia que implica el objetivo.
- Las respuestas que se deseen provocar por medio de las actividades de aprendizaje deben estar adaptadas a las posibilidades de realización de los alumnos.
- Diferentes actividades específicas pueden conducir al mismo objetivo.
- Por lo general, una misma actividad hará posible que se produzcan varias experiencias.

Aplicando estos conceptos en el diseño de actividades específicas para el aprendizaje de un deporte como el baloncesto, parece necesario el programar las tareas motrices de forma que los jóvenes jugadores las practiquen en situaciones similares al juego real. Además, deben provocar satisfacción y motivación para todos, por lo que habrá que conocer el nivel del que partimos planteando diferentes niveles de resolución para los más y menos dotados. Por último, buscaremos una gran variedad de actividades para la mejora de las distintas habilidades genéricas y específicas, teniendo en cuenta que el aprendizaje de unas nos servirá para la mejora de otras.

INTENTA	EVITA
- Dinamismo y variedad - Máxima participación - Situaciones Reducidas - Reto, Competición - Presencia por orden de importancia: balón, canasta, oposición, compañeros	- Actividades estáticas y repetitivas - Largas filas - Situaciones monótonas - Actividades de eliminación - Sin control de tiempo y espacio

A partir de estas ideas, se han establecido una serie de criterios (20) que ayudan a evaluar las actividades y ejercicios de entrenamiento que se pueden utilizar. La idea fundamental es hacer reflexionar al entrenador/a sobre la necesidad de incorporar matices pedagógicos y didácticos de interés en el diseño de las actividades. De esta forma, los entrenamientos ganarán en calidad, y colaborarán en mayor medida en la formación correcta del jugador/a. Es importante destacar que los criterios que establecemos no tienen por qué estar todos presentes en todas las actividades, si no que será el entrenador el que seleccione aquellos que considere necesarios; pero conseguiremos, al menos, que reflexione, evalúe y discrimine en función de las finalidades que se pretenden.

- **Presencia de Balón.** Este primer criterio analiza si utilizamos el balón en el desarrollo de la actividad. No parece necesario insistir en la importancia de hacer siempre las tareas utilizando el balón, sean estas de ataque o de defensa (Ej. Para trabajar el bote de protección, todos botando nos quitamos el balón los unos a los otros. A la voz, vemos quien encesta antes).

- **Canasta.** Al igual que el criterio anterior, la canasta debe estar presente y debe ser la referencia del juego. Se insiste en que, aunque la actividad no sea específica de tiro, el tiro a canasta debe estar presente como norma (Ej. Cualquiera de los expuestos en el resto de criterios).
- **Oposición indirecta.** Hace alusión este criterio a la utilización de oponentes de forma indirecta. Es decir, situaciones en las que hay más atacantes que defensores. Es muy útil cuando los chicos y chicas no utilizan todavía demasiado bien un fundamento técnico-táctico (Ej. Para el trabajo del pase, por parejas, pase-recepción de canasta a canasta. Al llegar a la zona, hacemos parada y tiro. A la vez, 2-3 compañeros corren por el terreno intentando molestar o interceptar los pases).
- **Oposición directa.** Se situarían aquí todas aquellas situaciones en las que se tiene un oponente directo (Ej. Actividad de 1x1 en ¼ de campo y en un máximo de 8'').
- **Colaboración básica.** Se incluirían aquí todas aquellas tareas en las que participan 2-3 jugadores (Ej. Juego de los 5 pases. 3x3 más 1 comodín que siempre ataca. Variante: El equipo que consigue 5 pases ataca hacia canasta).
- **Colaboración compleja.** Cuando se hacen actividades de 4x4 y 5x5.

- **Competición/superación.** Cuando la tarea tiene como aliciente un reto de competición, ya sea de oposición directa (1x1) o de superación (Ej. A ver quién hace antes 5 encestes desde fuera de la zona).
- **Limitación de Espacio.** Cuando al definir la tarea se limita el espacio, haciendo que se parezca más al juego real (Ej. 1x1 en ¼ de campo).
- **Limitación de Tiempo.** Cuando al definir la tarea se limita el tiempo para su realización (Ej. 3x3 en ½ campo. Ataques en menos de 8").
- **Toma decisiones.** Cuando la actividad conlleva una implicación cognitiva y no tiene la solución cerrada (Ej. Juegos de persecución en bote).
- **Máxima participación.** Cuando la actividad se desarrolla con el máximo número de jugadores participando, o con poco tiempo de espera eliminando las filas.
- **Aspectos lúdicos.** Cuando la actividad tiene un claro componente lúdico que motiva a los jugadores (Ej. Para el trabajo del bote de protección y de velocidad jugamos al "Muro". Hay que pasar botando de un lado a otro del campo sin que los compañeros que están en el centro del campo me roben el balón. Después de pasar el campo, se hace parada y tiro o entrada a canasta).
- **Variantes claras.** Cuando la actividad tiene variantes claras (Ej. 2x2 en ¼ de campo. Primero con bote, luego con 2-3 botes, luego libre).

- **Modificaciones espaciales.** Cuando la actividad se desarrolla modificando la situación espacial (Ej. Entradas desde arriba, desde los laterales o desde el fondo).
- **Conocimiento de Resultados previsto.** En muchas actividades es interesante prever el C.R. que necesitamos utilizar (Ej. En un ejercicio de bote de protección, preguntamos con qué mano está botando, qué puede hacer para que no se la roben, ...).
- **Integra técnica y táctica.** Cuando la actividad integra cuestiones técnicas y tácticas (Ej. En una actividad de 2x1 para trabajar el tiro introduzco algún matiz técnico como intentar acabar lanzando con un solo brazo, y alguna toma de decisiones más táctica como elegir el momento de tiro en función de la oposición).
- **Integra valores.** Cuando se preve el fomento de un determinado valor educativo en el diseño de la sesión y de la actividad (Ej. Para fomentar la igualdad, evito ejercicios donde haya eliminados).
- **Integra condición física.** Cuando se preve el desarrollo de una cualidad física o coordinativa en el diseño de la actividad (Ej. En una actividad de bote, trabajo ambas manos con el objetivo de mejorar la coordinación óculo-manual).
- **Integra reglas.** Cuando se relaciona la actividad con el trabajo de alguna regla específica de minibasket (Ej. Trabajo en una zona del campo limitada por las líneas del

campo; actividad de rebote y aprovecho para explicar los 3'' en zona que permite el reglamento).

- **Relación clara con objetivos.** Por último, es obvio la necesidad de relacionar claramente lo que quiero conseguir con lo que estoy trabajando.

CRITERIOS CALIDAD ACTIVIDADES INICIACIÓN BALONCESTO		
A.- DESCRIPCIÓN GENERAL DE LA ACTIVIDAD		
B.- CRITERIOS DE CALIDAD:		
Elementos presentes en la actividad	Sí	No
01.- Balón		
02.- Canasta/Portería		
03.- Oposición indirecta		
04.- Oposición directa		
05.- Colaboración básica		
06.- Colaboración compleja		
07.- Competición / superación		
08.- Limitación de Espacio		
09.- Limitación de Tiempo		
10.- Toma decisiones		
11.- Máxima participación		
12.- Aspectos lúdicos		
13.- Variantes claras		
14.- Modificaciones espaciales		
15.- C.R. previsto		
16.- Integra técnica y táctica		
17.- Integra valores		
18.- Integra condición física		
19.- Integra reglas		
20.- Relación clara con objetivos		
C.- JUSTIFICACIÓN:		

5.3.- LA SESIÓN DE ENTRENAMIENTO

La programación de una sesión de iniciación al baloncesto supone la organización y estructuración de una serie de actividades que giran en torno a un/os contenidos, y que tienen como fin el conseguir unos objetivos previamente establecidos. Ahora bien, una sesión no se encuentra aislada en nuestra programación, sino que unida al resto de sesiones que tratan el mismo contenido, compondrán una unidad didáctica o microciclo de entrenamiento.

La sesión en cada uno de los entrenamientos debe tener fin en sí misma. Es decir, que cada día que entrenemos debemos aprovecharla al máximo para que cada sesión incida en la motivación, en el aprendizaje, en las relaciones, en la salud y en el desarrollo integral de todos los jugadores.

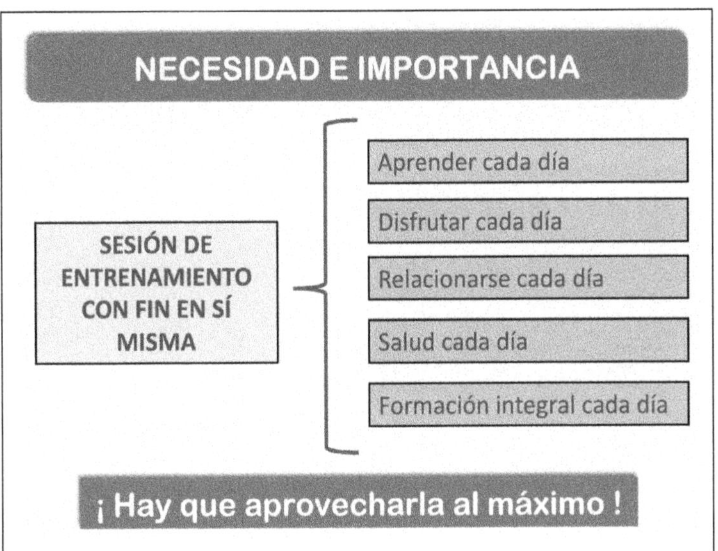

5.3.1.- Organización y partes de la sesión

Tradicionalmente, lo habitual ha sido estructurar la sesión de Educación Física en tres partes: inicial, fundamental y final. A pesar de que sigue siendo válida esta forma de programar la sesión, coincidimos con Méndez (1999) en que podemos (debemos) utilizar alternativas que presenten el entrenamiento de forma más global y entendible para los jugadores. Debido a ello, se plantea la posibilidad de eliminar los calentamientos analíticos tradicionales y la inclusión del juego desde el principio de la sesión y no para el final como ha sido tradicional, y también de esta forma se aprovecharía mucho más el tiempo.

ORGANIZACIÓN DE LA SESIÓN

1.- Parte inicial	❑ Informar ❑ Calentar, prepararse y concentrarse ❑ Recuerdo contenidos integrales anteriores ❑ Actividades más técnicas
2.- Parte fundamental	❑ Desarrollo contenidos previstos ❑ Diseño correcto actividades ❑ Evolución situaciones de juego ❑ Implicación máxima entrenador/a ❑ Prever descansos
3.- Parte final	❑ Tiempo para competir ❑ Vuelta a calma, estirar si es necesario ❑ Evaluación del trabajo realizado

¡Intentar que no se noten las partes a lo largo de la sesión!

Este planteamiento debe ser bien entendido, y aunque la apuesta sea empezar con el desarrollo de los contenidos a través del juego desde el principio de la sesión, dichos juegos deben estar bien planificados evolucionando de forma correcta a lo largo de cada entrenamiento:

- Las primeras actividades deben servir para calentar, prepararse y concentrarse o recordar el trabajo de contenidos t-t realizado en sesiones anteriores. Se utilizarán, preferentemente, actividades psicomotrices y de colaboración.
- A continuación, será importante que las actividades estén bien diseñadas para contribuir al desarrollo de los contenidos previstos, haya una evolución en las

situaciones de juego y prever los descansos. En esta parte la implicación del entrenador/a debe ser máxima.

Se utilizarán, preferentemente, actividades de colaboración-oposición y progresión de las mismas.

- Por último, se diseñarán aquellas actividades destinadas a competir, vuelta a calma y estirar si es necesario, y evaluar el trabajo realizado.

  Se utilizarán, preferentemente, situaciones de competición básicas y complejas.

SESIÓN: PROPUESTA EVOLUCIÓN DE LAS ACTIVIDADES Y DURACIÓN DE LAS MISMAS
1.- Explicar objetivos sesión (2')
2.- Actividades psicomotrices y de colaboración (8-10')
3.- Actividades de colaboracion-oposición y progresión de las mismas (20-25')
4.- Competición reducidas (10-12')
5.- Competición 5c5 (10-15')
6.- Reflexión final (3-5')

5.3.2.- Intervención del entrenador

Se sintetizan en cuatro sencillos apartados las características que parecen más importantes y que debe tener en cuenta siempre el entrenador a la hora de llevar a cabo sus sesiones de entrenamiento:

- Puntualidad máxima. Empezar y terminar a la hora prevista. Llegar siempre 10' antes para organizar bien la sesión y poder tener un rato de comunicación con los jugadores.

- Al comienzo de la sesión se comentará brevemente a los jugadores/as lo que se va a realizar de forma global, y se aprovecha también para dar alguna información específica y particular.
- Adoptar una situación dinámica durante la sesión. No se debe estar parado nunca, constantemente se estará animando y corrigiendo a los jugadores (conocimiento resultados afectivo e interrogativo). Metodología de indagación y comunicación asertiva.
- Dedicar un tiempo al finalizar la sesión para reflexionar sobre su desarrollo, y anotar algunas consideraciones que puedan servir para seguir mejorando.

5.4.- UNIDAD DIDÁCTICA DE INICIACIÓN AL BALONCESTO

Una sesión de entrenamiento no se encuentra aislada en la programación, sino que unida al resto de sesiones que tratan el mismo contenido, compondrán una unidad didáctica o microciclo de entrenamiento. Terminamos este capítulo desarrollando una unidad didáctica que pueda servir de referencia para los entrenadores/as, aunque éstos/as deben hacer las adaptaciones necesarias para aplicarlas en su contexto particular de entrenamiento.

A.- Título: Encesta y diviértete

La Unidad Didáctica que presentamos a continuación, consta de 10 sesiones, incluyendo una primera sesión de evaluación inicial y una última donde realizamos una evaluación final. En la elaboración de las sesiones se han tenido en cuenta algunos aspectos con el fin de facilitar la organización y estructuración de las mismas. En este sentido se explicitan los problemas tácticos y objetivos planteados, las instalaciones y material necesario, valores desarrollados, observaciones, etc.

B.- Edad/categoría:

10-12 años aproximadamente. Se correspondería con la categoría alevín (minibasket).

C.- Objetivos

- Fomentar el placer por el juego y la actividad física.
- Conocer las posibilidades de movimiento y mejorarlas.
- Valorar la mejora a través del trabajo personal.
- Fomentar la creatividad a través de actividades de descubrimiento.
- Conocer las reglas específicas de este deporte.
- Valorar la competición como un medio más de aprendizaje.
- Participar en competiciones escolares y extraescolares, adaptando las competiciones a nuestros intereses.
- Utilizar los contenidos técnico-tácticos aprendidos en situaciones reales de juego.
- Mejorar la salud a través de la mejora de las cualidades físicas.

D.- Valores educativos

En esta unidad didáctica vamos a incidir principalmente en los siguientes valores educativos: Motivación, Igualdad, Tolerancia, Autoestima y confianza, Responsabilidad, Resiliencia, Socialización-compañerismo, Autonomía y Salud.

E.- Contenidos técnico-tácticos a desarrollar

Realmente no sería necesario indicar cuáles son los medios que se tienen que desarrollar, ya que es el propio entrenador/a el que mejor conoce el nivel y las necesidades de su alumnado. De todas formas se señalan los más importantes y que en mayor medida se deben tener en cuenta:

- Aplicación de habilidades genéricas en el juego deportivo. Con la intención de adaptar al máximo la enseñanza del baloncesto al alumnado participante en nuestra escuela deportiva, pensamos que al principio debemos comenzar con la utilización de aquellas habilidades genéricas trabajadas anteriormente pero aplicándolas ahora en el baloncesto. La enseñanza progresiva de las reglas y la tecnificación irán convirtiendo a estas habilidades en específicas.
- Medios individuales de ataque: bote protección y velocidad, tiro normal, entradas a canasta por el lado dominante, paradas en uno y dos tiempos, rebote.
- Medios individuales de defensa: postura, posición, interceptar balones.

- Medios colectivos de ataque: pase-recepción en sus respectivas variantes.

Para el aprendizaje de estos medios técnico-tácticos evolucionaremos desde situaciones de juego de 1x0 hasta situaciones de 5x5, a lo largo de la sesión, de la semana y de la temporada. De todas formas hay que destacar que las situaciones que más utilizaremos durante la etapa de iniciación serían: 1x0, 1x1, 2x1, 2x2, 3x2, 3x3.

F.- Metodología

El baloncesto es un deporte de colaboración-oposición. Esto conlleva unas implicaciones metodológicas realmente importantes a tener en cuenta como ya se ha planteado en capítulos anteriores:

- Partir de la comprensión del juego para ir avanzando hacia la tecnificación en el mismo. Por ejemplo, el jugador/a primero conoce las diferentes posibilidades que tiene para avanzar con el balón, y luego proponemos formas para mejorar técnicamente tanto el bote como el pase.
- Hacer reflexionar al alumnado sobre cómo afronta los retos y las tareas que le propongamos, de forma que le impliquemos activa y cognitivamente en su proceso de aprendizaje.
- Incorporación flexible y progresiva de las reglas.
- Utilizaremos preferentemente la técnica de enseñanza de indagación, y estilos de enseñanza como el

descubrimiento guiado. Las actividades las plantearemos de forma global siempre que sea posible.

G.- Evaluación

La característica fundamental de la evaluación es que debe ser continua, centrándose sobre todo en el proceso de aprendizaje del alumnado. Para ello podemos utilizar distintas herramientas: diario del profesor, portafolios, hojas de observación, etc.

H.- Sesiones desarrolladas

Exponemos en primer lugar un cuadro resumen donde podemos ver las sesiones que vamos a desarrollar en esta unidad. Posteriormente las desarrollamos con mayor detenimiento.

Sesión	Objetivos y contenidos principales
1.-	Aplicación de habilidades genéricas 1
2.-	Aplicación de habilidades genéricas 2
3.-	Avance y mantenimiento de la posesión del balón: bote protección y bote velocidad
4.-	Avance y mantenimiento de la posesión del balón: paradas y arrancadas
5.-	Mantenimiento y progresión: pase-recepción
6.-	Consecución de puntos: tiro
7.-	Consecución de puntos: entrada
8.-	Recuperar la posesión del balón: rebote, interceptación
9.-	Síntesis y recapitulación de los objetivos anteriores
10.-	Partido amistoso con otro equipo de la misma categoría

<table>
<tr><td colspan="4">U.D. Encesta y diviértete</td></tr>
<tr><td>Nº Sesión: 1</td><td>Duración: 60’</td><td>Edad: 10-12 años</td><td>Nº Alumnos: 20</td></tr>
<tr><td colspan="2">Instalación: pista minibasket</td><td colspan="2">Material: balones minibasket, aros, conos</td></tr>
<tr><td colspan="2">Problema táctico: ¿qué posibilidades motrices tenemos?
Contenidos técnico-tácticos: bote, pase, tiro</td><td colspan="2">Objetivos: iniciar al alumnado en la práctica del baloncesto</td></tr>
<tr><td colspan="4">Valores educativos: igualdad, tolerancia, autoestima, socialización, salud</td></tr>
<tr><td colspan="4">Preparación teórica de la sesión: Reunir al grupo para informar sobre la sesión y otros aspectos necesarios (2-3’)</td></tr>
<tr><td colspan="3">1.- Cada alumno con su balón de minibasket experimenta todas las posibilidades: bote, cambios dirección, cambios de mano, lanzamientos a canasta, intercambio de balones, cambios de ritmo y velocidad, etc.
Reflexiones: ¿qué posibilidades tenéis?, ¿qué habilidades se pueden practicar?</td><td>5’</td></tr>
<tr><td colspan="3">2.- En media pista, cada alumno con su balón bota intentando mantenerlo a la vez que prueba a quitarlo a los demás. A la voz del profesor, todos botan hacia canasta y realizan un lanzamiento.
Variante: igual, pero ahora en vez de botar, nos intercambiamos el balón mediante pases con el resto de compañeros. A la voz del profesor, todos botan hacia canasta y realizan un lanzamiento</td><td>5’</td></tr>
<tr><td colspan="3">3.- Situaciones de 1x1 en un cuarto de campo. Cuando alguien consigue 2 canastas, se cambia de compañero.
Variante: limitar el número de botes, iniciar las reglas relacionados con el bote
Reflexiones: ¿con qué brazo estás botando?, ¿con cual botas mejor?, ¿cómo haces para que no te quiten el balón?, ¿te gustan estos juegos?</td><td>8’</td></tr>
<tr><td colspan="3">4.- Por parejas con un balón desde medio campo. Carrera de relevos a ver qué pareja hace antes 5 encestes: compañero con balón bota hacia canasta, se para y realiza un tiro, vuelve botando y se la pasa al compañero que sale hacia la otra canasta. Así sucesivamente.
Variante: tirar en cada canasta hasta encestar, posibilidad de quitar el balón al resto de compañeros mientras botamos
Reflexiones: ¿cómo botas tan rápido?, ¿por qué lo haces tan bien?</td><td>5’</td></tr>
</table>

5.- Por parejas con un balón desde medio campo (cambiamos las parejas). A ver qué pareja realiza antes cinco encestes realizando pase-recepción de canasta a canasta. No vale botar. Variante: posibilidad de poder interceptar el balón de los compañeros a la vez que progresamos con el nuestro	5’
6.- Situaciones de 2x2 (cambiamos las parejas), hacemos el juego de los 5 pases. Cada vez que conseguimos 5 pases: 1 punto Variante: permitir botar al compañero que lleva el balón Reflexiones: ¿cómo?, ¿dónde pasas?, ¿qué podemos hacer para trabajar mejor en grupo?	10’
7.- Por parejas con un balón nos situamos en un lugar alrededor de la zona restringida. El que tiene balón, lanza a canasta, coge el rebote, y se lo pasa a su compañero. Con esta organización vemos qué pareja es capaz de meter antes 6 canastas A la voz del profesor cambiamos corriendo de canasta Reflexiones: ¿cómo tiras?, ¿cómo hay que tirar?, ¿en qué debes mejorar?	7’
8.- Partido reducido de 2x2 en medio campo (cambiamos las parejas). El jugador con balón puede dar un máximo de tres botes. Además, si bota el balón y lo coge no puede volver a botar Variante: bote libre Reflexiones: ¿cuáles son las principales dificultades que encontráis?, ¿entiendes las reglas relacionadas?	10’
9.- En grupos de 4 hacemos tiros libres. Mientras dos están lanzando (hacen tres tiros consecutivos), los otros dos cogen el rebote y le pasan los balones Reflexiones: todos tienen que conseguir encestar, e ir mejorando en cada sesión	5’
Observaciones: Reflexionamos sobre lo que vamos a trabajar en esta unidad didáctica. Importancia del trabajo en grupo y de la igualdad. Hablamos sobre aspectos relacionados con la salud: traer agua, ropa para cambiarse, fruta para después del entrenamiento.	

<table>
<tr><td colspan="4">U.D. Encesta y diviértete</td></tr>
<tr><td>Nº Sesión: 2</td><td>Duración: 60’</td><td>Edad: 10-12 años</td><td>Nº Alumnos: 20</td></tr>
<tr><td colspan="2">Instalación: pista minibasket</td><td colspan="2">Material: balones minibasket, aros, conos</td></tr>
<tr><td colspan="2">Problema táctico: resolver los problemas que se plantean por la inclusión de reglas
Contenidos técnico-tácticos: bote, pase, tiro, paradas, interceptar balones</td><td colspan="2">Objetivos: iniciar al alumno en la práctica del baloncesto, diferenciar el trabajo genérico del específico, trabajar en grupo y ser tolerante</td></tr>
<tr><td colspan="4">Valores educativos: igualdad, tolerancia, autoestima, responsabilidad, salud</td></tr>
<tr><td colspan="4">Preparación teórica de la sesión: Reunir al grupo para informar sobre la sesión y otros aspectos necesarios (2-3’)</td></tr>
<tr><td colspan="3">1.- Partidos reducidos de 1x1 en una canasta. Hay que jugar andando o trotando, no se puede correr
Reflexiones: ¿qué posibilidades tengo cuando tengo el balón?, ¿y cuando no lo tengo?</td><td>5’</td></tr>
<tr><td colspan="3">2.- Por parejas pase-recepción de canasta a canasta, mientras 3-4 compañeros sin balón intentan interceptar y molestar los pases. Cada minuto se van cambiando a los “ladrones” de balones
Variante: permitir botar a los compañeros que se pasan el balón
Reflexiones: ¿qué haces para proteger el balón?, ¿en qué te ayuda tu compañero?, ¿te gusta la actividad?</td><td>5’</td></tr>
<tr><td colspan="3">3.- Por parejas con un balón desde fuera del área restringida. A la voz: bote de velocidad, parada y tiro. Se tira hasta conseguir canasta (1, 2 ó 3 veces máximo)
Aprovechamos para introducir las reglas relacionadas
Variante: carrera de relevos (2 ó 3 compañeros máximo)
Reflexiones: ¿en cuantos pasos te has parado?, ¿cuántos nos permite el reglamento?, ¿alguien puede explicar alguna regla relacionada?, ¿qué estamos haciendo bien?</td><td>5’</td></tr>
<tr><td colspan="3">4.- Competición reducida de 1x1. Dos conos, uno a cada lado, hacen de porterías. Para conseguir punto hay que darle al cono. Se puede limitar el número de botes
Variante: hacen de porterías dos aros colgados</td><td>8’</td></tr>
</table>

5.- Grupos de tres en medio campo, dos se pasan el balón mientras uno intenta interceptarlo. A la voz del profesor, el que tiene el balón progresa botando hacia canasta mientras los dos compañeros intentan impedirlo Reflexiones: ¿a quién defiendes?, ¿cómo interceptas el balón?, ¿qué responsabilidades tienes como defensor?, ¿y cómo atacante?	7’
6.- Partido de 3x3 en medio campo sin poder botar Introducimos reglas relacionadas con el movimiento de piernas (pivotar) Variante: se permite un bote Reflexiones: ¿a qué compañero pasas?, ¿qué haces para pasar tan bien?, ¿por qué has fallado esos pases?, ¿te das cuenta cómo estás mejorando?	8’
7.- Partido normal de 3x3 en medio campo. A la voz del profesor se cambian los equipos que están compitiendo Variante: se puede limitar el número de botes o pases	7’
8.- Partido tradicional de 5x5 en todo el campo. El profesor va realizando cambios constantes Reflexiones: ¿por qué es importante el juego en equipo?, ¿por qué hay que jugar con todos los compañeros?	10’
9.- Por parejas, cinco tiros consecutivos desde las cinco posiciones fundamentales. Mientras uno está lanzando, el compañero le pasa el balón. Contamos los encestes Reflexiones: ¿es importante estar concentrados?, ¿es importante reconocer la responsabilidad de cada uno en el equipo?	5’
Observaciones: Hay que jugar con todos los compañeros, todos somos importantes, es importante ir aprendiendo las reglas.	

<table>
<tr><th colspan="4">U.D. Encesta y diviértete</th></tr>
<tr><td>Nº Sesión: 3</td><td>Duración: 75'</td><td>Edad: 10-12 años</td><td>Nº Alumnos: 20</td></tr>
<tr><td colspan="2">Instalación: pista minibasket</td><td colspan="2">Material: balones minibasket, aros, conos</td></tr>
<tr><td colspan="2">Problema táctico: avance y mantenimiento de la posesión del balón
Contenidos técnico-tácticos: bote de protección y bote de velocidad</td><td colspan="2">Objetivos: aprender y mejorar el dribling en baloncesto, aprender reglas relacionadas, buscar la máxima participación</td></tr>
<tr><td colspan="4">Valores educativos: autonomía, responsabilidad, igualdad, autoestima, salud</td></tr>
<tr><td colspan="4">Preparación teórica de la sesión: Reunir al grupo para informar sobre la sesión y otros aspectos necesarios (2-3')</td></tr>
<tr><td colspan="3">Calentamiento libre y de forma autónoma tal como se ha explicado
Reflexiones: ¿qué tipo de actividades debemos realizar?
1.- Por parejas los dos con balón. Uno se sitúa delante y realiza todo tipo de bote, cambios de dirección, paradas, etc. El compañero le sigue a un metro de distancia. A la voz del profesor: cambio de rol

2.- Seguimos por parejas. Uno intenta progresar botando los dos balones a la vez. A la voz del profesor se cambia el rol
Reflexiones: ¿qué problemas encuentras?, ¿por qué no eres capaz de botar con los dos balones?</td><td>8'</td></tr>
<tr><td colspan="3">3.- Todos con balón realizando bote y cambios de dirección de canasta a canasta. A la voz del profesor contamos quien es capaz de hacer dos encestes
Variante: a la vez que se bota se puede quitar el balón a los compañeros
Reflexiones: ¿eres capaz de botar sin mirar el balón?, ¿a qué compañeros intentas quitar el balón?, ¿a qué altura se debe botar?</td><td>7'</td></tr>
<tr><td colspan="3">4.- Todos con balón, intentamos quitar el balón a los compañeros a la vez que mantenemos el nuestro. Vamos limitando cada vez el espacio
Variante: al que le quiten el balón sigue jugando pero sin balón</td><td>5'</td></tr>
</table>

5.- Varios compañeros (2, 3, 4) permanecen en la línea central botando el balón. El resto tienen que conseguir pasar al otro lado sin que los alumnos del centro consigan tocarles. Al que toquen se intercambia el rol Reflexiones: ¿qué tipo de bote hay que utilizar?, ¿cuándo hay que hacer un cambio de ritmo?, ¿con qué brazo botas?	8'
6.- Carreras de relevos hacia canasta botando el balón. Vemos qué pareja o trío hace antes 5 encestes Variantes: incluir cambios de dirección, incluir la posibilidad de robar balón a los compañeros Reflexiones: ¿qué diferencias existen entre el bote de velocidad y el de protección?, ¿recordáis las reglas relacionadas?	7'
7.- Partidos reducidos de 1x1 en medio campo. El jugador que hace de defensa tiene que mantener un balón botando Variante: limitar número de botes al que ataca	8'
8.- Partido 2x2 en medio campo en el que es obligatorio botar el balón siempre antes de pasar al compañero Variante: igual pero el que bota puede dar un máximo de tres botes Reflexiones: ¿por qué limitamos el bote?, ¿cuándo se debe botar?	7'
9.- 4x4x4 constante Variante: adaptarse al número de jugadores que tengamos (3x3x3; 3x4x3; etc.), limitar número de pases, botes	10'
10.- 5x5 en todo el campo. El profesor hace cambios constantes de jugadores	10'
Observaciones: Reflexionamos sobre la evolución constante de todos los jugadores, la responsabilidad que tiene cada uno, hay que fomentar la autonomía y la libertad en el juego y en la vida	

<table>
<tr><td colspan="4">U.D. Encesta y diviértete</td></tr>
<tr><td>Nº Sesión: 4</td><td>Duración: 75'</td><td>Edad: 10-12 años</td><td>Nº Alumnos: 20</td></tr>
<tr><td colspan="2">Instalación: pista minibasket</td><td colspan="2">Material: balones minibasket, aros, conos</td></tr>
<tr><td colspan="2">Problema táctico: avance y mantenimiento de la posesión del balón
Contenidos técnico-tácticos: paradas y arrancadas</td><td colspan="2">Objetivos: ser capaz de parar de forma equilibrada tras bote de velocidad, mejorar la confianza y la autoestima</td></tr>
<tr><td colspan="4">Valores educativos: motivación, autoestima, salud</td></tr>
<tr><td colspan="4">Preparación teórica de la sesión: Reunir al grupo para informar sobre la sesión y otros aspectos necesarios (2-3')</td></tr>
<tr><td colspan="3">1.- Por parejas uno lanza a canasta dese la posición que quiera cada vez, mientras el compañero va al rebote y le vuelve a pasar el balón. Cada cinco tiros cambiamos de rol</td><td>7'</td></tr>
<tr><td colspan="3">2.- Cada jugador bota de forma individual por todo el campo haciendo diferentes cambios de dirección. A la voz del profesor tienen que hacer una parada en uno o dos tiempos
Aprovechamos para explicar las reglas relacionadas
Reflexiones: ¿cuántos pasos dais para pararos?, ¿cuantos nos permite el reglamento?, ¿por qué lo hacéis tan bien?</td><td>5'</td></tr>
<tr><td colspan="3">3.- Hacemos cuatro grupos. Cada grupo se sitúa en una esquina del campo (un balón por jugador). Cada jugador con balón a la voz de su profesor arranca hacia canasta, bota paralelo a la línea de fondo, hace una parada y un tiro cercano. Después coge su rebote y cambia a la fila del otro lado. Aprovechamos para explicar las reglas relacionadas
Variante: hacemos una competición a ver qué grupo consigue antes 10 encestes
Reflexiones: ¿por qué solo realizáis un tipo de parada?, ¿podéis intentar el otro tipo?</td><td>10'</td></tr>
<tr><td colspan="3">4.- Igual al anterior pero ahora se sale frente a canasta, desde la prolongación de tiros libres</td><td>8'</td></tr>
<tr><td colspan="3">5.- 1x1 en cada cuarto ce campo. El jugador que defiende no puede entrar en el área restringida, por lo que el atacante cuando supere al defensor no tiene posición para realizar un parada cercana a canasta correctamente
Variante: juego libre sin limitaciones para el defensor</td><td>7'</td></tr>
</table>

6.- Hacemos dos filas debajo de cada canasta. Por parejas con un balón hacemos pase recepción hasta medio campo. A partir de ahí el que tiene balón hace bote de velocidad, parada cercana y tiro. El compañero coge el rebote y vuelve a lanzar. Después nos quedamos en esa canasta para salir al contrario cuando toque	10'
7.- Partido reducido de 2x2 en medio campo. Los encestes normales valdrán 2 puntos, mientras que los encestes tras una correcta parada valdrán 3 puntos Reflexiones: ¿te es fácil hacer la parada?, ¿qué dificultades encuentras?, ¿qué has mejorado?	8'
8.- Partido normal de 5x5	10'
9.- En grupos de 4 hacemos tiros libres. Mientras dos están lanzando (hacen tres tiros consecutivos), los otros dos cogen el rebote y le pasan loa balones	5'
Observaciones: Cada uno comenta lo que está mejorando, y cómo se siente en el grupo. Se proponen normas para mejorar el clima del entrenamiento	

<table>
<tr><td colspan="4">U.D. Encesta y diviértete</td></tr>
<tr><td>Nº Sesión: 5</td><td>Duración: 75’</td><td>Edad: 10-12 años</td><td>Nº Alumnos: 20</td></tr>
<tr><td colspan="2">Instalación: pista minibasket</td><td colspan="2">Material: balones minibasket, aros, conos</td></tr>
<tr><td colspan="2">Problema táctico: Mantenimiento y progresión:
Contenidos técnico-tácticos: pase-recepción</td><td colspan="2">Objetivos: Aprender la necesidad de trabajar en grupo, aprender a jugar sin botar, usar todo tipo pases</td></tr>
<tr><td colspan="4">Valores educativos: tolerancia y compañerismo, motivación, salud</td></tr>
<tr><td colspan="4">Preparación teórica de la sesión: Reunir al grupo para informar sobre la sesión y otros aspectos necesarios (2-3’)</td></tr>
<tr><td colspan="3">1.- Por parejas, pase-recepción de canasta a canasta. Al llegar: parada y tiro. Los compañeros van lanzando de forma alternativa
Variante: el compañero que no realiza el tiro va al rebote y vuelve a tirar desde donde lo coja</td><td>5’</td></tr>
<tr><td colspan="3">2.- Igual al anterior, pero ahora el profesor va situando algunos jugadores que intentan quitar balones a los demás. Estos “ladrones” de balones van cambiando constantemente
Variante: cada pareja con dos balones
Reflexiones: ¿cómo realizas el pase para que no te quiten el balón?, ¿cuáles son las razones principales por las que se está mejorando tanto?</td><td>8’</td></tr>
<tr><td colspan="3">3.- Cambiamos de pareja. Por parejas pase-recepción de canasta a canasta. Competimos ahora para ver qué pareja consigue antes 8 canastas. Es necesario cambiar el tipo de pase cada vez
Variante: a la vez que se hace la progresión se pueden molestar los pases de los compañeros
Reflexiones: ¿qué pases hacéis?, ¿qué variantes podemos realizar?, ¿en qué te ayudan los compañeros?</td><td>7’</td></tr>
<tr><td colspan="3">4.- En grupos de seis: 2x2x2. Juego de los pases. A ver qué pareja consigue cinco pases seguidos sin que la intercepten los compañeros. A los cinco minutos cambiamos los grupos para competir con otras parejas
Variante: se permite dar un bote al jugador que recibe el balón antes de dar el pase</td><td>8’</td></tr>
<tr><td colspan="3">5.- Juego de tiro por parejas desde las cinco posiciones básicas. Mientras uno está lanzando el compañero coge el rebote y le pasa</td><td>5’</td></tr>
</table>

6.- Partido de 3x3 en medio campo. No vale botar, solo pase-recepción Variante: permitir un bote al poseedor del balón Reflexión: ¿hacia dónde pasas cada vez, para qué sirve el bote antes del pase?	7'
7.- Mismas reglas que la actividad anterior, pero ahora 3x3x3 constante en medio campo longitudinal Variante: permitir un bote al poseedor del balón	10'
8.- Situación de 2x2 en medio campo. Cada canasta vale dos puntos, y cada cuatro pases sin que nos intercepten el balón valdría un punto Reflexiones: ¿qué hacen bien los equipos para puntuar?	10'
9.- Partido normal 5x5 en todo el campo. Cada canasta vale dos puntos, y cada cuatro pases sin que nos intercepten el balón valdría un punto	15'
Observaciones: Por qué es tan importante para el grupo saber pasar bien. Cómo podemos animar más a los compañeros.	

<table>
<tr><td colspan="4">U.D. Encesta y diviértete</td></tr>
<tr><td>Nº Sesión: 6</td><td>Duración: 75'</td><td>Edad: 10-12 años</td><td>Nº Alumnos: 20</td></tr>
<tr><td colspan="2">Instalación: pista minibasket</td><td colspan="2">Material: balones minibasket, aros, conos</td></tr>
<tr><td colspan="2">Problema táctico: consecución de puntos
Contenidos técnico-tácticos: tiro</td><td colspan="2">Objetivos: iniciar el aprendizaje del tiro, ganar en confianza</td></tr>
<tr><td colspan="4">Valores educativos: autoestima y confianza, resiliencia, tolerancia, salud</td></tr>
<tr><td colspan="4">Preparación teórica de la sesión: Reunir al grupo para informar sobre la sesión y otros aspectos necesarios (2-3')</td></tr>
<tr><td colspan="3">1.- Bote, cambios de dirección y paradas cercanas para tirar. Norma: obligatorio lanzar con un solo brazo
Variante: si no se encesta al primer tiro, cogemos el rebote y volvemos a tirar por segunda vez
Reflexiones: ¿qué dificultades encuentras al lanzar con un solo brazo?</td><td>7'</td></tr>
<tr><td colspan="3">2.- Por parejas pase-recepción de canasta a canasta. Al llegar: parada cercana en un tiempo y tiro. Cada compañero va tirando alternativamente en cada canasta
Variante: ver qué pareja consigue antes 5-8 canastas
Reflexiones: ¿podéis intentar orientar el codo hacia la canasta?, ¿te resulta difícil?</td><td>8'</td></tr>
<tr><td colspan="3">3.- Por parejas uno realiza pases continuos al compañero que va tirando desde distintas posiciones elegidas por él. Cada cinco pases cambio de rol. Insistimos en lanzar con un brazo, e introducimos el concepto de piernas orientadas a canasta
Variante: ver quien encesta más. Después de cada reto con un compañero, cambiamos de pareja</td><td>7'</td></tr>
<tr><td colspan="3">4.- Situaciones de 1x1 en un cuarto de campo. Cada canasta vale dos puntos, darle al cuadro pequeño vale un punto
A los cuatro minutos cambiamos de compañero con el que jugar
Reflexiones: ¿de qué distancia te es más fácil lanzar?, ¿desde qué posiciones?, ¿desde dónde te es más difícil?</td><td>8'</td></tr>
<tr><td colspan="3">5.- Igual al anterior pero ahora situaciones de 2x2</td><td>8'</td></tr>
<tr><td colspan="3">6.- Tiros libres. Insistimos en lanzar con un solo brazo, piernas equilibradas y orientadas hacia canasta
Reflexiones: ¿es importante concentrarse?, ¿por qué?</td><td>5'</td></tr>
</table>

7.- Desde el lateral, bote de velocidad, parada cercana y tiro. Después del tiro: rebote, bote hacia el lado contrario para pasar y cambiar de fila Variante: permitir estorbar al compañero que hace lo mismo desde el otro lado del campo Reflexiones: ¿qué acciones estamos encadenando?, ¿cuáles de ellas tienes que mejorar?, ¿te das cuenta de la importancia de participar constantemente?	7'
8.- Situación de 3x3 en medio campo sin poder botar Variante: permitir un bote Reflexiones: ¿nos ayuda la competición a mejorar?, ¿cómo debemos afrontar la competición?	10'
9.- Partidos de 4x4 en todo el campo Reflexiones: ¿nos ayuda la competición a mejorar?, ¿cómo debemos afrontar la competición?	10'
Observaciones: Repasamos las reglas que estamos aprendiendo. Hablamos sobre la tolerancia. Reflexionamos sobre el trabajo diario y la importancia de la competición como medio de motivación y aprendizaje	

<table>
<tr><td colspan="4">U.D. Encesta y diviértete</td></tr>
<tr><td>Nº Sesión: 7</td><td>Duración: 75'</td><td>Edad: 10-12 años</td><td>Nº Alumnos: 20</td></tr>
<tr><td colspan="2">Instalación: pista minibasket</td><td colspan="2">Material: balones minibasket, aros, conos</td></tr>
<tr><td colspan="2">Problema táctico: ¿de qué forma podemos conseguir puntos?
Contenidos técnico-tácticos: entrada a canasta</td><td colspan="2">Objetivos: buscar distintas soluciones para conseguir puntuar, aumentar la motivación</td></tr>
<tr><td colspan="4">Valores educativos: autoestima y confianza, motivación, resiliencia, igualdad, tolerancia, salud</td></tr>
<tr><td colspan="4">Preparación teórica de la sesión: Reunir al grupo para informar sobre la sesión y otros aspectos necesarios (2-3')</td></tr>
<tr><td colspan="3">1.- De forma individual con un balón vamos haciendo tiros a canasta desde muy cerca con el objetivo de puntuar constantemente: tiro cercano, rebote, tiro de nuevo, ...
Variante: a la voz del profesor a ver quien consigue antes 10 canastas. Los fallos restan</td><td>5'</td></tr>
<tr><td colspan="3">2.- De forma individual con un balón vamos haciendo tiros a canasta desde muy cerca. Después de cada enceste nos vamos alejando un paso. Si fallo me acerco un paso
Reflexiones: ¿cómo orientas el cuerpo?, ¿cómo tienes colocadas las piernas?, ¿y el brazo?, ¿aunque falles hay que seguir intentándolo motivados?</td><td>5'</td></tr>
<tr><td colspan="3">3.- Cada jugador con un balón, bota por todo el campo haciendo cambios de dirección a la vez que intenta quitar balón a los compañeros. Cuando estamos cerca de canasta hacemos parada en un tiempo cercana y tiro
Reflexiones: ¿estás orientando bien el codo?, ¿cuántos encestes llevas?, ¿¿estamos mejorando todos el tiro?</td><td>5'</td></tr>
<tr><td colspan="3">4.- Igual, pero ahora al llegar a canasta intentamos dar dos pasos en carrera y lanzamiento (entrada a canasta)
Reflexiones: ¿por la derecha cual es la combinación de pasos?, ¿a que es fácil conseguir canasta así?</td><td>5'</td></tr>
</table>

5.- Cada uno con su balón se sitúa al borde del área restringida. Desde ahí damos dos pasos sin botar y lanzamos a canasta Variante: misma situación, pero ahora mantenemos botando el balón. A la voz del profesor cogemos rápido el balón y damos dos pasos hacia canasta y tiro Reflexiones: ¿por dónde realizas mejor la entrada?	7'
6.- Por parejas desde el centro del campo: bote hacia canasta, entrada y tiro, rebote, bote de vuelta y pase al compañero. Éste sale hacia la canasta contraria Variante: se puede molestar a los demás compañeros mientras botan, competición de entradas Reflexiones: ¿qué motivantes son las entradas?, ¿qué rápido encestamos?, ¿cuantas hemos encestado?	8'
7.- En un cuarto de campo 1x1 intentando puntuar siempre a través de entradas a canasta. Variante: para facilitar la labor, el defensor mantiene un balón botando Reflexiones: responsabilidades del ataque y la defensa	8'
8.- Igual pero en medio campo. De esta forma el atacante tiene más espacio para jugar Juegan dos parejas de forma simultánea en cada canasta Variante: 2x2 Reflexiones: responsabilidades del ataque y la defensa, con compañeros es más motivante	7'
9.- 5x5 en todo el campo Reflexiones: ¿en qué ocasiones es más adecuado realizar entradas a canasta?, ¿en cuáles es mejor hacer paradas?	15'
10.- Individualmente con un balón entradas a canasta desde distintos lugares, elegidos por los propios alumnos/as Reflexiones: cada uno se responsabiliza de encestar, al menos, 5-6 entradas	10'
Observaciones: Reflexionamos sobre la evolución individual y aspectos a mejorar en el comportamiento. Reflexionamos sobre el trabajo diario y la importancia de la motivación	

<table>
<tr><th colspan="4">U.D. Encesta y diviértete</th></tr>
<tr><td>Nº Sesión: 8</td><td>Duración: 75’</td><td>Edad: 10-12 años</td><td>Nº Alumnos: 20</td></tr>
<tr><td colspan="2">Instalación: pista minibasket</td><td colspan="2">Material: balones minibasket, aros, conos</td></tr>
<tr><td colspan="2">Problema táctico: Recuperar la posesión del balón
Contenidos técnico-tácticos: rebote, interceptación</td><td colspan="2">Objetivos: motivar al alumnado por la defensa, entender la necesidad del trabajo individual de cada uno y en grupo</td></tr>
<tr><td colspan="4">Valores educativos: compañerismo, tolerancia, motivación, resiliencia, salud</td></tr>
<tr><td colspan="4">Preparación teórica de la sesión: Reunir al grupo para informar sobre la sesión y otros aspectos necesarios (2-3’)</td></tr>
<tr><td colspan="3">1.- Individualmente con un balón, bote cambiando de dirección por toda la pista. Al llegar a canasta realizamos entrada y vamos al rebote</td><td>5’</td></tr>
<tr><td colspan="3">2.- Igual al anterior, pero ahora varios compañeros sin balón intentan quitar el balón, quitar el rebote, estorbar las entradas, etc.
Reflexiones: hay que estar concentrados y no dar por perdido ningún balón</td><td>5’</td></tr>
<tr><td colspan="3">3.- Todos los jugadores con balón menos tres que hacen de ladrones. Los compañeros con balón deben hacer bote de protección y velocidad para que los “ladrones” no le quiten el balón. Éstos últimos pueden salvarse entrando en diferentes aros que hemos situado en la pista. Cada 2 minutos, cambio de roles
Reflexiones: robar-recuperar un balón es una gran aportación al equipo. Hay que echarle muchas ganas</td><td>8’</td></tr>
<tr><td colspan="3">4.- 1x1 los dos con balón, competimos a ver quien le quita más veces el balón al compañero. A la voz del profesor bote de velocidad y entrada a canasta
Reflexiones: ¿cuántos has robado, con qué brazo debemos botar, a qué altura, hacia donde debemos mirar?</td><td>7’</td></tr>
<tr><td colspan="3">5.- Situaciones de 2x2. Puntuación: tiro normal (1p), entrada (2p), rebote tanto en ataque como en defensa (1p), robos del balón (1p)
Reflexiones: ¿qué hay que hacer cuando hay un tiro de los oponentes?, ¿cómo defendemos el tiro?, ¿cómo vamos a por el balón tras el tiro?, ¿hay que estar activos?</td><td>8’</td></tr>
</table>

6.- Dos parejas con dos balones. Mientras dos realizan tiros a canasta de forma alternativa (primero uno, después el otro) los otros dos compañeros juegan a ver quien coge más rebotes Cada 2 minutos cambiamos los roles Reflexiones: ¿para qué sirve el rebote?, ¿a qué altura debemos coger el balón?	7'
7.- Por parejas con un balón desde el centro del campo. Uno bota y entra a canasta. El compañero va al rebote. A partir de ahí, vamos hacia la otra canasta cambiando los roles Variante: se puede intentar quitar el balón al resto de las parejas	8'
8.- Competición de 3x3 en medio campo Reflexiones: ¿cuántos rebotes habéis cogido entre los tres?, ¿quién está poniendo más ganas?	7'
9.- Partido real de 5x5 Reflexiones: ¿cuántos rebotes habéis cogido?, ¿qué valor tiene el rebote?	10'
9.- Tiros libres por parejas. Series de 3 tiros consecutivos: uno tira, el compañero va al rebote y pasa el balón Reflexiones: cada pareja se responsabiliza de encestar un número mínimo sin el control del entrenador	5'
Observaciones: Importancia del trabajo en grupo, la igualdad y la tolerancia. Importancia de la concentración y de estar activos	

<table>
<tr><td colspan="4">U.D. Encesta y diviértete</td></tr>
<tr><td>Nº Sesión: 9</td><td>Duración: 75'</td><td>Edad: 10-12 años</td><td>Nº Alumnos: 20</td></tr>
<tr><td colspan="2">Instalación: pista minibasket</td><td colspan="2">Material: balones minibasket, aros, conos</td></tr>
<tr><td colspan="2">Problema táctico: aplicar los medios técnico-tácticos aprendidos en situaciones de competición
Contenidos técnico-tácticos: todos</td><td colspan="2">Objetivos: aprender a competir de la forma más educativa posible</td></tr>
<tr><td colspan="4">Valores educativos: Autoestima, Responsabilidad, Resiliencia, Socialización, Autonomía y Motivación</td></tr>
<tr><td colspan="4">Preparación teórica de la sesión: Reunir al grupo para informar sobre la sesión y otros aspectos necesarios (2-3')</td></tr>
<tr><td colspan="3">1.- Liga regular (todos contra todos) 1x1. Cada partido dura 3 minutos</td><td>10'</td></tr>
<tr><td colspan="3">2.- Competición 2x2 en medio campo</td><td>10'</td></tr>
<tr><td colspan="3">3.- Competición 3x3 en medio campo</td><td>15'</td></tr>
<tr><td colspan="3">4.- Competición 5x5 en todo el campo</td><td>15'</td></tr>
<tr><td colspan="3">5.- Diferentes competiciones de tiro</td><td>15'</td></tr>
<tr><td colspan="4">Observaciones: Reflexiones sobre la competición educativa y cómo puede influir en Autoestima, Responsabilidad, Resiliencia, Socialización, Autonomía y Motivación</td></tr>
</table>

<table>
<tr><td colspan="4">U.D. Encesta y diviértete</td></tr>
<tr><td>Nº Sesión: 10</td><td>Duración: 75’</td><td>Edad: 10-12 años</td><td>Nº Alumnos: 20</td></tr>
<tr><td colspan="2">Instalación: pista minibasket</td><td colspan="2">Material: balones minibasket, aros, conos</td></tr>
<tr><td colspan="2">Problema táctico: ¿cómo se juega de forma real?
Contenidos técnico-tácticos: todos</td><td colspan="2">Objetivos: entender la competición como una sesión más de aprendizaje, valorar el progreso por encima de los resultados, conocer compañeros de otros entornos, aprender a ganar y a perder</td></tr>
<tr><td colspan="4">Valores educativos: Autoestima, Responsabilidad, Resiliencia, Socialización, Autonomía y Motivación</td></tr>
<tr><td colspan="4">Preparación teórica de la sesión: Reunir al grupo para informar sobre la sesión y otros aspectos necesarios (2-3’). Hacerles ver que el partido debe ser una experiencia positiva, que les anime a seguir practicando baloncesto, y que lo importante es pasarlo bien y seguir progresando. Quitarle importancia y trascendencia</td></tr>
<tr><td colspan="3">1.- Calentamiento con balón: bote, entradas, pases, 1x1, 2x2, etc.</td><td>15’</td></tr>
<tr><td colspan="3">2.- Partido: distribuir homogéneamente el tiempo entre todos los jugadores

3.- Animar constantemente a los jugadores

4.- No protestar al árbitro, ni permitir que lo hagan los alumnos

5.- Colaborar en que el partido se desarrolle de la forma más correcta posible

6.- Hablar con los alumnos sobre el partido jugado</td><td>40’</td></tr>
<tr><td colspan="4">Observaciones: Reflexionamos sobre los valores que se están trabajando, y cómo el deporte bien practicado nos puede ayudar a desarrollar todas esas cualidades</td></tr>
</table>

CAPÍTULO 6

CONCLUSIONES Y REFLEXIONES FINALES

Para terminar esta publicación destinada, como se decía al principio, a todos aquellos entrenadores y entrenadoras que están interesados en el entrenamiento específico que se debe llevar a cabo durante la etapa de iniciación y que, además, optan de forma clara por una perspectiva formativa y educativa, enumeramos una serie de reflexiones finales que sirven de resumen y conclusiones de las diferentes ideas que se han ido planteando:

- El minibasket debe plantearse con la idea de adaptar el baloncesto a los chicos y chicas jóvenes que comienzan para que el aprendizaje sea más atractivo y eficiente y, a la vez, para promocionar y aumentar el número de practicantes.
- Se vuelve a insistir en la necesidad de plantear la etapa de iniciación al baloncesto como parte del proceso formativo pero, a la vez, con fin en sí misma debido a la relevancia que tiene en el desarrollo integral de todos/as los jugadores/as.
- El entrenamiento debe planificarse de forma integral atendiendo a los ámbitos físico-motriz y psico-social de los jugadores/as. Para ello, se hace necesario una

planificación diferente que tenga en cuenta todos estos contenidos.

- Los aspectos didácticos o metodológicos de esta etapa deben centrarse en evolucionar desde la indagación a la instrucción, desde la globalidad a los detalles y, siempre, con una comunicación asertiva por parte del entrenador/a.

- Cada sesión de entrenamiento debe aprovecharse al máximo buscando desarrollar: aprendizaje, disfrute, relaciones, salud y formación integral. Para ello, las actividades programadas deben incluir una serie de criterios que aumenten la "calidad" de las mismas.

REFERENCIAS BIBLIOGRÁFICAS

AA.VV. (1988). *Diccionario de las Ciencias de la Educación.* Madrid. Aula Santillana.

Antón, J. (1990). *Balonmano. Fundamentos y etapas de aprendizaje*. Madrid. Gymnos.

Blázquez, D. (1995a). A modo de introducción. En BLÁZQUEZ, D. (Dir). *La iniciación deportiva y el deporte escolar.* Barcelona. Inde

Blázquez, D. (1995b). Métodos de enseñanza de la práctica deportiva. En BLÁZQUEZ, D. (Dir). *La iniciación deportiva y el deporte escolar*. Barcelona. Inde

Cárdenas, D. (2010). *Fundamentos de las habilidades de los deportes de equipo*. Granada. Facultad CC Actividad Física y del Deporte.

Castejón, F.J. (2001). *Iniciación deportiva. Aprendizaje y enseñanza*. Madrid. Pila Teleña (edición electrónica).

De la Torre, E. (1998). Los deportes de equipo en la escuela: hacia un modelo de enseñanza más coherente. *Askesis*, nº 4.

Devís, J.; Peiró, C. (1992). Orientaciones para el desarrollo de una propuesta de cambio en la enseñanza de los juegos deportivos. En DEVÍS, J.; PEIRÓ, C. *Nuevas perspectivas curriculares en E.F.: la salud y los juegos modificados.* Barcelona. Inde.

Díaz, J. (1999). *La enseñanza y aprendizaje de las habilidades y destrezas motrices básicas*. Barcelona. Inde

Garganta, J. (1997). Para una teoría de los juegos deportivos colectivos. En GRACA, A.; OLIVEIRA, J. *La enseñanza de los juegos deportivos*. Barcelona. Paidotribo.

Giménez, F.J. (2003). *El deporte en el marco de la educación física*. Sevilla. Wanceulen.

Giménez, F.J., y Sáenz, P. (2000). *Aspectos teóricos y prácticos de la iniciación al baloncesto*. Sevilla. Wanceulen.

Giménez, F.J. (2000). *Fundamentos básicos de la iniciación deportiva en la escuela*. Sevilla. Wanceulen.

Giménez, F.J., Abad, M. T. y Robles, J. (2010). El proceso de formación del jugador durante la etapa de iniciación deportiva. *Apunts*, 99, 47-55.

Graca, A. (1997). Los cómos y los cuándos en la enseñanza de los juegos. En GRACA, A.; OLIVEIRA, J. *La enseñanza de los juegos deportivos*. Barcelona. Paidotribo.

Knop, P. et al. (1998). *Clubes deportivos para niños y jóvenes*. Málaga. I.A.D.

Lasierra, G.; Lavega, P. (1993). *1015 ejercicios y formas jugadas de iniciación a los deportes de equipo*. Vol. 1. Barcelona. Paidotribo.

Martens, R. et al. (1989). *El entrenador*. Barcelona. Hispano Europea.

Méndez, A. (1999). Modelos de enseñanza deportiva. Análisis de dos décadas de investigación. *Lecturas de E.F. y deportes*, nº 13.

Oña, A. (2005). *Actividad física y desarrollo*. Sevilla. Wanceulen.

Ortega, G.; Giménez, F.J.; Jiménez, A.C.; Franco, J.; Durán, L.J.; Jiménez, P.J. (2012). *Iniciación al Valorcesto*. Madrid. Fundación Real Madrid.

Ortega, G.; Giménez, F.J.; Durán, L.J.; Franco, J.; Jiménez, P.J.; Jiménez, A.C.; Abad, M.T. (2015). *The game starts at home*. Madrid. Fundación Real Madrid.

Pintor, D. (1989). Objetivos y contenidos de la iniciación deportiva. En ANTÓN, J. (Coord). *Entrenamiento deportivo en la edad escolar*. Málaga. Unisport.

Tavares, F. (1997). El proceso de la información en los juegos deportivos. En GRACA, A.; OLIVEIRA, J. *La enseñanza de los juegos deportivos*. Barcelona. Paidotribo.

www.ingramcontent.com/pod-product-compliance
Ingram Content Group UK Ltd.
Pitfield, Milton Keynes, MK11 3LW, UK
UKHW021657190726
13853UKWH00001B/309

9 788419 598400